Dr. J. P. VAN DE VOORT

VISSERS VAN DE NOORDZEE

Het Nederlandse visserijbedrijf
in geschiedenis en volksleven
met medewerking van J. van Dorp

TRIANGELREEKS

BOEKENCENTRUM / 'S-GRAVENHAGE

1975
eerste druk
omslagontwerp
Klaas Meijer

I.S.B.N. 90 239 2964 0

Over vissers en visserij wordt heel verschillend gedacht en ook geoordeeld. Van overdreven positief tot genadeloos negatief. Maar in een waterrijk land als Nederland met een lange kustlijn, grenzend aan een visrijk zeegebied, is de visserij moeilijk weg te denken. Vissers hebben er altijd gewoond en zij wonen er nòg, te midden van ons. Hun getal, met name van beroeps-zeevissers, is veel kleiner geworden, zeker verhoudingsgewijs. In de menselijke samenleving heeft een negatief oordeel over andere mensen en hun bedrijf dikwijls te maken met onbekendheid met de zaak, want onbekend maakt onbemind. Beroepsvissers verkeren onder ons. Het heeft zin hen en hun werk beter te leren kennen. Daarom − onder meer − deze uitgave.

Het beperkt zich tot de Nederlandse beroepsvisserij op de Noordzee. Aan dit onderwerp is een publikatie wèl besteed, want iedereen is het er wel over eens, dat dit bedrijf vooral in het verleden een grote bijdrage heeft geleverd tot de welvaart van ons land.

De geschiedenis van de beroepsmatig uitgeoefende zeevisserij begint als de eerste vormen van industrie ontstaan. Er vormen zich omstreeks 1200-1300 stedelijke samenlevingen, het eerst in Vlaanderen, wat later in Holland. Als eersten gingen de kustbewoners, bekend als zij waren met de voedselrijkdom van de zee, er toe over meer vis te vangen dan zij voor eigen consumptie nodig hadden. Het meerdere verkochten zij aan de stedelingen, die hun werk vonden in de fabrieken en bijgevolg geen tijd hadden voor zichzelf en het eigen gezin het benodigde voedsel te verzamelen. Zo ontstond de beroepsvisserij en de vishandel.

De Noordzeevisserij groeide uit tot een van de pijlers van Holland als maritiem gewest. Met name de haringdrijfnetvisserij was een van de grootste welvaartsbronnen in de vijftiende en zestiende eeuw. Daarmee verbonden was een grote verscheidenheid aan nevenindustrieën en toeleveringsbedrijven.

Na 1700 geraakte de Noordzeevisserij als welvaartsbron in de schaduw van de koopvaardij en de overzeese handel. Het keurslijf van starre wetgeving en reglementering belemmerde lange tijd een verdere ontwikkeling; vele oorlogen verhinderden jarenlang de uitoefening van de visserij. Haar economische betekenis verminderde. Zo geraakte zij langzamerhand buiten het gezichtsveld van de meeste Nederlanders.

Hoewel dus veel minder populair dan vroeger, heeft de zeevisserij diepe sporen nagelaten. En niet alleen in de historie, maar ook in onze hedendaagse taal en in ons volksleven. De hechte vissersgemeenschappen bewaarden nog lange tijd hun eeuwenoude tradities, sommige daarvan tot in onze dagen. Wij – de buitenstaanders – zijn er getuigen van en beoordelen ze dikwijls, toegeeflijk glimlachend, als 'folkloristisch curiosum', een kleurrijk incident ten behoeve van toeristisch vermaak. Wij vinden het vreemd en wie wat sceptischer is, noemt het zinloos. Wie al denkt aan de mensen achter de traditionele uitingsvormen, verbindt ze lichtvaardig met een conservatief, bekrompen volkje.

Wie zo denkt, concludeert lichtvaardig, ja gemakzuchtig, want wie de moeite neemt zich te verdiepen in de herkomst van dit soort uitingen, speuren wil naar oorzaken achter de uiterlijke verschijningsvormen, zal eerder vervuld worden van achting en respect voor een geleidelijk verdwijnende minderheid van ons volk en mèt hen streven naar behoud van dat 'eigen gezicht'.

Hoofdstuk 1

HARING EN VIS

De Noordzee is rijk aan vis. Vis in vele soorten. De meeste mensen hebben ze nooit in levenden lijve gezien, uitgezonderd bezoekers van een Noordzee-aquarium – en die zijn er niet zo veel – of van een exquis restaurant, waar men een exemplaar van zijn keuze in een aquarium kan aanwijzen. Hebben kustbewoners nog kans op een 'zoodje' verse vis onmiddellijk na de vangst, gewoonlijk krijgen wij de vis in gezouten toestand, gekaakt, gerookt, ingevroren, in zuur, in blik, gestoofd of gebakken. Soms eten wij de vis uit de hand, bijna altijd op een bord in zijn geheel of ontkopt, gefileerd, in moten of als pastei. Kortom, het visserijprodukt bereikt ons in een rijke verscheidenheid aan vormen. Sommige Noordzeevissen hebben steeds in hoog aanzien gestaan bij de consument, andere vielen na verloop van tijd uit de gratie, tijdelijk of blijvend.

Haring

De meest gewaardeerde Noordzeevis was en is nog steeds de haring. Zelfs zo, dat hij nadrukkelijk wordt onderscheiden. 'Handel in haring en vis' lezen wij op naamborden rond onze vissershavens. Alsof de haring geen vis zou zijn. De haring is een fraaie zilverachtige vis. Zijn maximale lengte bedraagt zo'n 40 centimeter, maar meestal zien wij exemplaren van 20 à 30 centimeter. Als zij de netten maar lang genoeg weten te ontwijken, worden zij wel 20 tot 25 jaar oud.

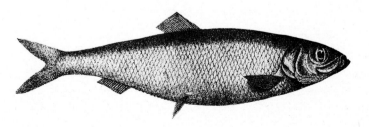

Haringen behoren tot de pelagische vissen, dat wil zeggen vissen die zich bij voorkeur op verschillende diepten ophouden. Dit in tegenstelling tot de demersale of bodemvissen. De haring leeft in grote groepen bijeen, zogenaamde scholen. Zijn voedsel bestaat uit plankton, uiterst kleine plantjes en diertjes die in zee drijven. Overdag blijven de scholen haring in de diepere waterlagen. Tegen het vallen van de avond stijgen zij naar de oppervlakte.

Er komen verschillende soorten haring voor. Op grond van de paaitijd zijn er twee soorten te onderscheiden. De voorjaarsharing paait in het voorjaar, op geringe afstand van de kust of in mondingen van rivieren en in fjorden. Daarom noemt men deze soort ook wel kustharing. De najaarsharing paait vanzelfsprekend in het najaar, maar dan op grote afstand van de kust. Men spreekt dan van zeeharing.

Zo'n 100 jaar geleden dachten ook geleerden, dat de haringen elk jaar na hun winterslaap in het Noordpoolgebied wegtrokken in een enorme school, in zuidelijke richting. Na enige tijd zou die school zich in tweeën delen. De ene groep trok dan naar IJsland, de andere verplaatste zich langs de Noorse kust. Deze laatste groep splitste zich opnieuw. De ene school bereikte omstreeks juni de Shetlandeilanden benoorden Schotland, de andere trok langs de Noorse westkust zuidwaarts naar de Oostzee.

Het visserij-onderzoek heeft intussen anders geleerd. De haring die vanaf mei tot januari voor de Schotse en Engelse oostkust wordt gevangen, behoort tot verschillende rassen met elk verschillende paaigebieden en paaitijden. De Hollandse vissers vingen vroeger hoofdzakelijk haringsoorten die in het najaar paaiden: de Schotse zomerharing (juli-oktober), de herfstharing van de zuidelijke Noordzee (september-december) en de herfstharing van het Kanaal (november-januari).

Kabeljauw

Ook de kabeljauw is een vis die bij de consument in hoog aanzien staat. Hij behoort tot de bodemvissen. In het paaiseizoen leven kabeljauwen in scholen, maar daarbuiten proberen zij op hun eentje aan de kost te komen. Zij hebben voorkeur voor andere bodemdieren, zoals krabben, garnalen, zeemuizen en platvis. Grotere kabeljauwen eten ook wel haring. Zij kunnen 20 jaar oud worden, een lengte van 150 centimeter en een gewicht van 40 kilo bereiken. Jonge kabeljauwen noemt men gullen.

Ook bij de kabeljauwen kunnen verschillende rassen onderscheiden worden met eigen kenmerken en voorkeur voor bepaalde paaigebieden. Naast de kabeljauw in de Noordzee maakten de Hollandse vissers vroeger ook jacht op de kabeljauw in de IJslandse wateren.

Schelvis

Een vooral vroeger belangrijke consumptievis is de schelvis, gemakkelijk te herkennen aan de zwarte vlek boven de borstvinnen. De overlevering wil dat apostel en visser Petrus hem wat al te stevig tussen zijn vingers heeft vastgehouden. Ouder dan 20 jaar kunnen schelvissen niet worden. Zij kunnen een lengte van een meter en een gewicht van 12 kilo halen.

Makreel

Makrelen leven in scholen net als de haring. Het zijn zeer snelle zwemmers. Zij hebben geen zwemblaas en kunnen daarom vlug naar grotere diepten duiken of naar de oppervlakte stijgen om zo hun belagers te ontvluchten. Zij worden niet groter dan een halve meter. Zij leven van dierlijk plankton, dat zij met behulp van hun kieuwzeven uit het door hun bek opgenomen water halen. Vooral na de paaitijd beginnen zij erg veel te eten en maken dan in kleine groepjes jacht op jonge haring, sprot en zandspiering.

Schol

De schol behoort tot de platvisachtigen en is in Nederland een belangrijke consumptievis. Schollen kunnen 95 centimeter lang worden, zeven kilo wegen en zelfs een leeftijd van 50 jaar bereiken. Dat is echter een zeldzaamheid. De meeste exemplaren worden 25 tot 40 centimeter groot. Een pas geboren schol begint, net als

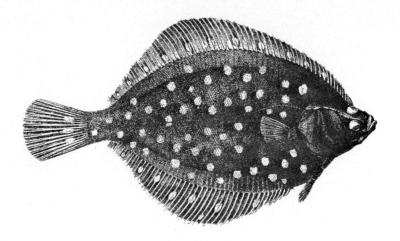

andere platvissen, zijn leven als een 'gewone' vis. Maar na een maand of twee, wanneer hij ongeveer een centimeter groot geworden is, begint de gedaanteverandering: hij wordt plat. Het linkeroog verhuist over de bovenzijde van de kop naar de andere kant en de jonge schol gaat dan met de linkerzijde naar beneden zwemmen. Platvissen nemen meestal zeer snel een schutkleur aan, zodat zij moeilijk van de bodem te onderscheiden zijn.

Tong

Ook de tong is een platvis. Nederland is in West-Europa de grootste exporteur van deze vis. De tongvisserij is dan ook in economisch opzicht een van onze belangrijkste takken van visserij.
De tong is een nachtdier. Overdag ligt hij ingegraven in de bodem van de zee. Hij kan 55 centimeter groot worden en leeft vooral van wormen en schelpdieren.

Garnaal

Garnalen vormen een belangrijk produkt van de Nederlandse kustvisserij. Zij behoren tot de lagere dieren en hebben een grijs doorzichtig lichaam. In de handel is hun kleur enigszins rood, omdat zij onmiddellijk na de vangst gekookt worden.

Garnalen zijn hermafrodieten: zij fungeren een tot twee jaar als mannetje en daarna als wijfje. Hun maximale lengte bedraagt acht centimeter en zij worden niet ouder dan drie of vier jaar.

Andere vissen

Er zijn nog vele andere Noordzeevissen. Vele worden ook gevangen, maar als consumptievis zijn zij van minder betekenis, zoals tarbotten, grieten en heilbotten, alle drie platvissen; verder roggen en vleten, ponen, koolvis enz. Sommige van deze vissen hadden vroeger grotere economische betekenis. De vissers van Middelharnis bijvoorbeeld maakten in de vorige eeuw speciale tarbotreizen. Deze tarbot verkocht men vooral naar Engeland en België. De vissers van Vlaardingen trokken op bepaalde tijden ter roggen- en vletenvisserij. Bij de vroegere beugvisserij was de vangst van een heilbot een bijzondere gebeurtenis. Heilbotten zijn onze grootste platvissen, soms drie tot vier meter lang met een gewicht van 300 kilo.

11

Hoofdstuk 2

VISTUIGEN

'Elke vogel zingt zoals hij gebekt is'. Vissen zijn dan wel niet luidruchtig, maar ook daar heeft iedere soort zijn eigenaardigheden. Om ze te vangen zijn verschillende vismethoden nodig, al naar de vissen 'gebekt' zijn. Onze voorouders wisten dat en hun vistuig vertoont dan ook een grote verscheidenheid: diverse soorten hoekwant, drijfnetten en sleepnetten.

Dit overzicht beperkt zich tot de beroepsvisserij. Die begon omstreeks het jaar 1300, omdat er toen behoefte ontstond aan visserij op grotere schaal. Tot die tijd zorgde iedereen voor zijn eigen levensbehoeften, maar toen de eerste vormen van industrie ontstonden – voor ons gebied het eerst in de Zuidelijke Nederlanden – hadden de mensen die in de fabrieken gingen werken, geen tijd meer om hun eigen akker te bewerken of hun vis te vangen. Er ontstonden stapelmarkten en de zeevisvangst ontwikkelde zich tot een beroep. De behoefte aan grotere aanvoer gaf de stoot tot nieuwe ontwikkelingen bij de schepen, bij de verduurzaming van het visserijprodukt en ook bij het vistuig.

De beug

Een van de oudste werktuigen om vis te vangen is de vishaak of vishoek. Net als bij onze hengelsport wordt aas aan de haak gestoken. De vis, belust op het aas, bijt ook in de hoek en kan door de weerhaken niet meer loskomen. Omdat de haak vastzit aan een lijn, spreekt men ook van lijnenvisserij. De hoekwant- of lijnenvisserij wordt door de Nederlandse Noordzeevissers sedert ongeveer 1936 niet meer uitgeoefend.

Veruit de belangrijkste vorm van hoekwantvisserij was die met de beug: een zeer lange lijn van 13, soms wel 18 kilometer lengte. Op bepaalde afstanden zaten korte zijlijntjes of sneuen; aan elke sneu

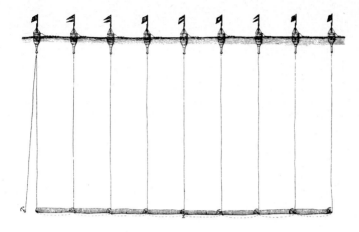

een haak. In Middelharnis sprak men van een 'stel' in plaats van een sneu. Er zaten duizenden sneuen aan een beuglijn, afhankelijk van de soort vis die men wilde vangen. De kabeljauwbeugen van Middelharnis en Pernis telden zo'n 3600 stellen, de schelvisbeugen het dubbele aantal.

Het was zaak de vishaak stevig aan de sneu vast te maken. Zo niet, dan was de kans groot, dat de kabeljauw of de grote heilbot met haak en al ontsnapte. Zo'n 'slipper' was natuurlijk 'sneu'.

Als aas gebruikte men koelever, sardijn, gezouten geep en prik of negenoog. De prik was een palingachtige vis van ongeveer 30 centimeter lang en werd vooral te Vlaardingen voor de kabeljauwvisserij gebruikt.

De beuglijn werd met ankers op de zeebodem vastgehouden. Boven elk anker dreef aan een lijn een grote dobber, joon geheten. Op elk joon stond een vlag van verschillende kleur, die elk een eigen naam hadden. In Vlaardingen sprak men van 'Endeljone', 'Klein split', 'Groot split', 'Ongenoemd', 'Halve beug', 'Een gat', 'Twee gaten', 'Drie gaten' en 'Anjone'. De jonen gaven de ligging van de beug aan. Wanneer de beuglijn was uitgezet, 'geschoten', dan voer men terug naar het beginpunt. Dit terugvaren of 'overprangen' kon bij slecht weer uren duren. Dan begon het inhalen van de beuglijn.

13

De kol

Een andere vorm van hoekwantvisserij was het kollen. Het koltuig bestond uit een kollijn verzwaard met lood. Aan het lood hing weer een lijn van 1,5 meter lang, met daaraan de kolhaak, die geaasd werd. De kolhaak zelf was van boven verzwaard met lood, dikwijls in de vorm van een vis. Het koltuig liet men in het water zakken en werd dan met de hand voortdurend op en neer bewogen. Men ving er bodemvissen mee.

De plomp

Op dezelfde wijze als met de kol viste men met de plomp. Vooral de 'Menheersenaars' of Middelharnissers deden dat. De plomp bestond uit een half ronde ijzeren beugel met in het midden een dieplood. Aan beide einden van de beugel hing een lijn van 1,5 meter; daaraan zat de vishaak met het aas. Men liet de plomp zakken tot op de bodem en trok hem dan een beetje op en neer. Het vistuig ontleent zijn naam aan het geluid, dat bij het te water laten werd veroorzaakt.

De traap

Een andere vorm van hoekwantvisserij was het vissen met de traap of makreellijn, in Middelharnis weer 'droep' geheten. Aan een met lood verzwaarde lijn hingen twee of meer stokjes met elk een zijlijn of stel, voorzien van een vishaak met aas. Men viste er niet mee op bodemvis, maar op hoger zwemmende vissen, zoals makreel. Men gebruikte de traap tijdens het naar huis zeilen. De vaarsnelheid mocht niet te hoog, maar ook niet te laag zijn. In het eerste geval zweefde de traap te dicht bij de oppervlakte, in het tweede geval zakte zij te diep in het water.

De vleet

Een voor Nederlandse Noordzeevisserij zeer belangrijk soort vistuig was de vleet of het drijfnet. Het zou een Nederlandse uitvinding zijn uit het begin van de vijftiende eeuw. Er kon alleen haring mee ge-

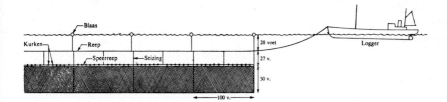

vangen worden, maar dan wel op grote schaal. Ruim vijf en een halve eeuw is deze vangmethode bij de Nederlandse zeevisserij in gebruik geweest, namelijk tot in de jaren zestig van deze eeuw. De haringdrijfnetvisserij was zó belangrijk, dat zij de 'groote visscherij' werd genoemd en het was deze bedrijfstak die gedurende meerdere eeuwen Nederland een grote internationale reputatie bezorgde.

Het drijfnet bestond uit een aantal netten, elk zo'n 30 meter lang en 16 meter hoog. Heel dit samenstel van netten noemde men de vleet. Deze kon wel vier kilometer lang zijn en werd als een gordijn in zee uitgespannen. Onderaan was de vleet verzwaard. Aan de bovenkant was de speerreep aangebracht, een lijn voorzien van kurken vloten of drijvers.

Bij de Hollandse zinkvleet was de speerreep met seizings, lijnen, verbonden aan een zwaar touw, de reep geheten. Aan deze reep, die verbonden was met het schip, hing de vleet. Het geheel werd drijvend gehouden door houten tonnen of breels, die met breeltouwen weer aan de reep zaten.

Men kende in later tijd ook de Schotse drijfvleet. Daar was de zware reep onder de vleet aangebracht. Het drijfnet met de speerreep was opgehangen aan drijvende ballonnen, Schotse blazen genoemd. Tot 1866 waren de netten gebreid van hennep. Daarna maakte men ze van het lichtere katoen en vanaf ongeveer 1958 van nylon.

De vleet werd door het achteruitvarende schip uitgezet, 'geschoten'. De haring zwom tegen 'het gordijn' en bleef in de mazen gevangen. De ondermaatse – te jonge – vis ontsnapte 'door de mazen van het net'. Na enige uren wachten (passieve visserij) haalde men de vleet in.

15

In tegenstelling tot de drijfnet- en beugvisserij is de sleepnetvisserij een actieve vorm van vissen, waarbij een zakvormig visnet door het varende schip wordt voortgetrokken.

Een oude en nog steeds toegepaste vorm van deze soort visserij is die met de korde of het schrobnet, tegenwoordig boomkor genoemd. Het zakvormige net wordt zijwaarts opengehouden door een balk of boom. Bij de Hollandse kor, die als zodanig niet meer gebruikt wordt, waren aan de uiteinden van de boom sleepijzers bevestigd, door de vissers 'paardepoten' genoemd. Bij de grotere Engelse kor waren dat beugels, 'schoenen' geheten. Zij schuren over de bodem.

De onderzijde van het tegenwoordige kornet is voorzien van kettingen of wekkers, die de bodemvissen opschrikken en naar de netopening jagen. De afmetingen van de boomkornetten variëren sterk: de tegenwoordige boomkornetten zijn zo'n 18 meter lang en 10 meter breed. Vooral bij de kustvisserij wordt van deze vangmethode gebruik gemaakt. De tegenwoordig ook veel gebezigde benaming 'kleine zeevisserij' heeft dan betrekking op de vaartuigen en op de duur van de visreizen. Niet op de aanvoer, want in Nederland is meer dan de helft afkomstig van de boomkorvisserij.

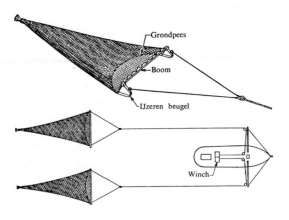

Het treilnet

Door de invoering van de stoomkracht als voortstuwing op de visversschepen, eind negentiende eeuw, werd het mogelijk grotere schrobnetten te gebruiken. Dergelijke schrobnetten waren echter vanwege de lange boom die het net moest openhouden, onhandelbaar. Men kwam toen in Engeland op de gedachte aan weerszijden van de netopening planken aan te brengen die bij het slepen door het water zijwaarts uitscheerden en zo het net openhielden. De visserij met deze bordentreil heeft sedertdien ook in Nederland een grote vlucht genomen. Het treil- of trawlnet wordt zowel voor de vangst van bodemvis als voor die van pelagische vis gebruikt.
Een groot voordeel is dat hierdoor met hetzelfde schip en hetzelfde net alle vissoorten, dus ook haring, kunnen worden gevangen. Vandaar dat in het recente verleden het oude drijfnet geheel door het treilnet is verdrongen. Een bezwaar is echter, dat het treilnet de vangst niet of nauwelijks selecteert, met alle gevolgen van dien voor ondermaatse vis en met alle risico's voor de visstand in de zee.

Het spannet

Het spannet gaat terug op de wonderkuil die in de vroegere Zuiderzeevisserij werd gebruikt. Het lijkt op een treilnet, maar heeft geen scheerborden. Het spannet wordt voortgetrokken en in zijwaartse richting open gehouden door twee schepen tegelijk, die 'in span' vissen. Na de Tweede Wereldoorlog zijn de Urker vissers er mee begonnen. Het wordt tegenwoordig nog wel als nevenbedrijf uitgeoefend door een klein aantal kotters.

Andere vangtechnieken

De zeevisserij kent nog een aantal andere vangmethoden, waaronder de snurrevaad- en de ringzegenvisserij. Zij worden in dit overzicht niet besproken, omdat zij in het heden of het verleden van de Nederlandse zeevisserij niet of niet voldoende van betekenis zijn geweest.

Hoofdstuk 3

SCHUITEN EN SCHEPEN

Het schip is het grootste, voor veel mensen het interessantste en voor de historie het meest karakteristieke werktuig van de zeevisser. De verscheidenheid in vissersvaartuigen in de Nederlandse Noordzeevisserij is in de loop der eeuwen sterk verminderd. Vereiste vroeger elke tak van visserij veelal een afzonderlijk scheepstype, de laatste honderd jaar gaat de ontwikkeling steeds meer naar een visserijschip, dat geschikt is voor meerdere soorten van visserij.

PLATBODEMSCHEPEN

Deze schepen – ook wel platboomschepen (boom = bodem) genoemd – hadden een platte bodem, dat wil zeggen een brede plank in plaats van een kiel, met de bedoeling de visserij in ondiep water te kunnen uitoefenen, bijvoorbeeld vlak onder de kust. In het algemeen vervulden de zwaarden aan de zijkanten van het schip de functie van kiel.

In deze groep schepen namen de strandschuiten een aparte plaats in. De belangrijkste waren de pink, de bomschuit en de garnalenschuit. Deze werden speciaal gebouwd om bij gebrek aan een haven op het strand te kunnen landen. Dit stelde hoge eisen aan de stevigheid van deze vaartuigen, waaruit onder meer de merkwaardige vorm kan worden verklaard.

Het was de kustbevolking die zich het eerst met visvangst op zee bezighield. Hun strandschuiten zijn daarom de oudst bekende zeevisserijvaartuigen. Gewoonlijk landden de strandschuiten bij vloed. Bij eb kwamen de schepen droog te liggen, zodat bijvoorbeeld de vangst kon worden gelost. Bij opkomend tij kwam het lichter geworden schip vlot en koos weer zee.

Visserspink

De visserspink was bij de zeevisserij in gebruik van omstreeks 1400 tot 1800. Het was een kleine strandschuit, overnaads gebouwd, dat wil zeggen dat de huidgangen dakpansgewijs over elkaar gelegd waren. De pink vertegenwoordigde geen vast omlijnd scheepstype, maar was een verzamelnaam voor gelijksoortige strandschuiten, onderling verschillend, onder meer in de afmetingen: gemiddeld 10 meter lang bij een breedte van 3,5 meter. Later werden zij groter (dubbele strandschuit) en daarmee voorlopers van de latere bomschuit. De pink was voorzien van een mik ten behoeve van het strijken van de mast en het ophangen van de scrobnetten. Voor de haringdrijfnetvisserij waren zogenaamde geesten aangebracht voor het binnenhalen van het drijfnet. De schuit was getuigd met razeilen aan één of twee masten. Omstreeks 1700 kwam het gaffeltuig daarvoor in de plaats.

De pink was het typische vaartuig van 'de Zijde', dat wil zeggen van de vissersdorpen langs de Hollandse kust, zoals Scheveningen, Katwijk, Noordwijk, Egmond aan Zee, enz. Zij voerden hun bedrijf uit dicht onder de kust van Holland. Zij visten op alle soorten vis, zowel met het schrobnet als met de beug en de vleet.

Noordzeeschokker en -botter

Deze schepen zijn van omstreeks 1750 tot omstreeks 1930 bij de Noordzeevisserij in gebruik geweest. Het waren platbodemschepen en als zodanig bij uitstek geschikt in de opdiepe kustwateren. Deze Zuiderzeeschepen, want dat waren het van oorsprong, werden voor de visserij op de Noordzee voorzien van een hoger opgebouwd achterschip en een gesloten dek. Hun lengte bedroeg 15 tot 16 meter. Ten behoeve van de beugvisserij waren zij meestal voorzien van een bun, een ruimte in het schip waar het zeewater kon in- en uitstromen door gaten in de scheepswand of -bodem en waarin de gevangen vis levend kon worden bewaard.

De Noordzeeschokkers hadden gewoonlijk twee masten, aanvankelijk met spriettuig, later gaffeltuig. De Noordzeebotters voerden één mast met gaffelzeil. Omstreeks 1915 voorzag men deze schepen

19

Gaffelschuit.

meer en meer van een motor.

De thuishaven van de Noordzeeschokkers en -botters waren Urk, Huizen, Volendam en Enkhuizen. Zij visten benoorden de wadden-eilanden en langs de Hollandse kust met het schrobnet op platvis, met de beug op kabeljauw en schelvis en met het treilnet op platvis.

Bezaan- en gaffelschuit

Bezanen en gaffelaars waren de typische vissersvaartuigen van Middelharnis, Zwartewaal en Pernis. Omstreeks 1700 worden zij al vermeld en waarschijnlijk kwamen zij nog eerder voor. De laatste bezaanschuit werd in 1869 te Pernis uit de vaart genomen. Het waren zwaar en breed gebouwde kromstevens, die het meest geleken op poonachtige schepen. Zij hadden lange smalle zwaarden.

De lengte van de bezaanschuiten bedroeg gewoonlijk 12 tot 13 meter, de breedte 4,5 tot 4,8 meter. De gaffelaars waren groter: 17 tot 19 meter en 6 tot 6,8 meter breed. De bezaanschuiten voerden een bezaantuig als grootzeil, met een korte gaffel. De gaffelaars voerden een staand gaffelzeil met lange vaste gaffel zonder zeilboom. Het

20

waren platbodemschepen, maar niet geschikt voor het landen op het strand. Met beide typen schepen werd zowel beugvisserij als kordevisserij uitgeoefend. Zij waren voorzien van een bun om de gevangen vis zo vers mogelijk te kunnen aanvoeren.

Blazer

De blazer was bij de Noordzeevisserij in gebruik van omstreeks 1850 tot ongeveer 1920. Het was een platbodemvaartuig, maar kon niet op het strand landen. De afmetingen liepen sterk uiteen. De grote blazers konden een lengte van 17 meter hebben. Ten behoeve van de beugvisserij waren zij voorzien van een bun. De kleinere blazers van de waddeneilanden waren getuigd met één mast. Het grotere type van Noord-Friesland had er twee. De blazer was het typische vissersvaartuig van de noordelijke vissersplaatsen Moddergat, Paesens, Wierum, Texel en Terschelling. Zij visten in de noordelijke zeegaten en ten noorden van de waddeneilanden met de beug op kabeljauw en schelvis en met het schrobnet op platvis, vooral schol. Na de ramp van Moddergat in 1883 zijn er vele verkocht naar Goedereede, Ouddorp en Stellendam, van waaruit met deze schepen kustvisserij werd bedreven.

Bomschuit

De bomschuit heeft de visserij goede diensten bewezen van omstreeks 1750 tot 1918. Dit schip ontwikkelde zich uit de vergrote pink. Het was overnaads gebouwd en was een van de meest bekende strandschuiten. De platte bodem van deze schuit verklaart wellicht de naam: platbodemschuit = platboomd – of bodemschuit; bodem = boom of bom.

Evenals de pinken vertoonden ook de bommen onderling verschillen. Er werden bij de bouw nog geen tekeningen gebruikt. Alleen de lengte/breedte-verhouding was steeds nagenoeg gelijk: 2 : 1. De lengte kon variëren van 9 tot 14 meter, terwijl de breedte daarvan dus de helft bedroeg. Deze verhouding gaf de bom zijn typische logge uiterlijk.

21

Bomschuiten.

Ten behoeve van de haringvisserij was de bomschuit voorzien van een mik, krebben, koksrol, spil; voor de schrobnetvisserij een voor- en achtermik en voor de beugvisserij was soms een bun in het nettenruim aangebracht. De bomschuiten hadden twee masten voorzien van gaffeltuig. De achtermast was iets uit het midden geplaatst. Evenals de pink was de bomschuit het typische vissersschip van de kustplaatsen die niet over een haven beschikten: Scheveningen, Katwijk, Noordwijk, Egmond enz. Zij visten hoofdzakelijk langs de oostkust van Engeland en Schotland met het drijfnet op haring, langs de Hollandse kust met het schrobnet op schol, schar, tong, tarbot, kabeljauw en schelvis en met de beug op kabeljauw en schelvis.

Garnalenschuit

De garnalenschuit was in gebruik van omstreeks 1800 tot 1940. Dit vaartuig vertoonde sterke gelijkenis met de bomschuit, maar was kleiner en slanker. Het was ook overnaads gebouwd, maar de huidgangen eindigden op een platte spiegel. De lengte varieerde van 7,1 tot 8,5 meter bij een breedte van 3,2 tot 3,85 meter.

Ten behoeve van de schrobnetvisserij was de garnalenschuit voor en achter uitgerust met een mik. Het voerde één mast, voorzien van gaffeltuig. Het kwam in dezelfde vissersdorpen voor als de bom en kon ook op het strand landen.

KIELSCHEPEN

Eerst toen de doorgaans landinwaarts gelegen havenplaatsen met de zeevisserij begonnen, kwamen de kielschepen in bedrijf. Zij hadden belangrijke voordelen boven de strandschuiten: sneller en veel gemakkelijker te laden en te lossen. Toen tegen het einde van de negentiende eeuw de havens aan de kust gegraven werden, verviel de behoefte aan de logge strandschuiten. Zij werden vrij snel verdrongen door kielschepen.

Haringbuis. Afbeelding op de titelpagina van Henricus Schainck, Buys-Mans rustposen op de Neering.

Haringbuis

De buis was bij de haringvisserij in bedrijf van omstreeks 1400 tot 1860. Het was eeuwenlang het typische schip voor de drijfnetvisserij vanuit de havenplaatsen in het Maasgebied en West-Friesland. Het was een kielschip, waarvan de lengte varieerde van 19 tot 22 meter bij een breedte van 4,7 tot 5,5 meter. Bij de bouw werden geen tekeningen gebruikt, zodat zij ook in de vorm verschillen vertoonden. De vroegste buizen hadden een platte spiegel.

Boven de achtersteven hadden de haringbuizen een hakkebord, waaronder een opening, het hennegat. Hierdoor kwam de helmstok naar binnen. Zij waren voor de drijfnetvisserij uitgerust met geesten, krebben, koksrol en spil en soms met een mik. Tot 1700 hadden zij drie masten, daarna twee. De voor- en hoofdmast (bij driemastbuizen) konden gestreken worden.

De haringbuizen hadden hun thuishavens in Brielle, Vlaardingen, Maassluis, Rotterdam, Delfshaven, Enkhuizen, De Rijp en nog enkele kleinere havens. Zij visten langs de oostkust van Schotland en Engeland met het drijfnet op haring. Wanneer de buis 'aan de vleet lag', dat wil zeggen het niet in zee uitstond, dan werd de mast of werden de masten gestreken. Soms ook werd gevist met de beug en de kollijn op kabeljauw en schelvis.

Vishoeker

De vishoeker is gebruikt van omstreeks 1620 tot 1886. Het was het geëigende schip voor de beugvisserij. Wellicht ontleent het daaraan zijn naam: de vishaken aan de zijlijnen van de beug noemde men vroeger 'hoeken'. Het schip vertoonde veel overeenkomst met de buis. Een opvallend verschil was, dat het hakkebord boven de achtersteven bij de hoeker ontbrak. Dat was nodig, omdat bij het uitzetten van de beug de zogenaamde baaklijn rond het achterschip moest worden gehaald. Vishoekers hadden een lengte van 20 tot 21 meter bij een breedte van 5 tot 5,4 meter.

Voor zover de beugvisserij 'te verse' werd uitgeoefend, had de hoeker vanaf de achttiende eeuw een bun om de vis levend te kunnen bewaren. Als de bun niet nodig was, werden de bungaten met houten pluggen dichtgemaakt. De vishoekers voerden twee masten met razeilen (hoekertuig). Later werd de bezaan- of achtermast voorzien van een gaffelzeil.

De belangrijkste havens waren Maassluis, Vlaardingen en Zierikzee. De hoekers visten op de gehele Noordzee, vooral op de Doggersbank en in de wateren rond IJsland, met de beug en de kollijn op schelvis, kabeljauw en heilbot. Vooral in later tijd visten zij ook met het drijfnet op haring.

Beugsloep

De beugsloep was bij de visserij in gebruik van omstreeks 1800 tot 1926. Het was een schip van Franse origine, de chaloupe. Men neemt aan, dat de naam sloep een verbastering is van de Franse benaming. Het was een slank kielschip, dat speciaal voor de beugvisserij werd gebruikt. Aanvankelijk waren zij van hout. Vanaf 1891 werden ook stalen sloepen gebouwd. De lengte varieerde van 19 tot 25 meter, de breedte van 5 tot 6 meter.

De vorm van de romp vertoonde sterke gelijkenis met die van de logger, die overigens pas in 1866 in de vaart kwam. Ten behoeve van de beugvisserij waren de sloepen voorzien van een bun, waarin de vangst levend werd bewaard om de aanvoer van een vers produkt mogelijk te maken. Tegen het einde van de negentiende eeuw werden de sloepen ook voor de drijfnetvisserij gebruikt. Deze loggersloepen waren dan voorzien van geesten en krebben.

Aanvankelijk waren de beugsloepen getuigd met één mast (kottertuig). Vanaf 1866 met een hoofdmast en een kleine bezaanmast (kitstuig of loggertuig). Vanaf 1877 hadden sommige sloepen een schoenertuig, dat wil zeggen een middenmast en een langere achtermast. Sedert 1897 kwamen er ook stoomsloepen in de vaart.

Van oudsher was Maassluis een typische beugvisserijhaven, evenals Pernis, Zwartewaal en Middelharnis. In mindere mate Vlaardingen. Van hieruit voeren zij op de Noordzee, vooral op de Doggersbank en in de wateren rond IJsland met de beug op kabeljauw, schelvis en heilbot. Later ook met het drijfnet op haring voor de oostkust van Schotland en Engeland.

25

De eerste stalen beugsloep (VL 146).

Logger

De logger, van 1866 tot 1969 bij de zeevisserij gebruikt, was een kielschip van Franse oorsprong. Het is aannemelijk, dat de Franse benaming van het schip, 'lougre', ook de herkomst is geweest van onze benaming logger.

De Scheveninger A. E. Maas, die de eerste logger in Nederland introduceerde, had aanvankelijk met heftige tegenstand te kampen. Men kon zich nauwelijks voorstellen, dat de ranke logger het in de drijfnetvisserij zou kunnen opnemen tegen de beproefde buizen en hoekers, die bovendien een groter laadvermogen hadden. De afmetingen van de zeillogger varieerden van 20 tot 24,5 meter bij een breedte van 5,5 tot 6,7 meter. De latere stoom- en motorloggers waren 25,4 tot 37,5 meter lang en 6,5 tot 7 meter breed.

Voor de drijfnetvisserij was de logger uitgerust met geesten, krebben en koksrol. Het schip kon ook voor de beugvisserij, meestal 's winters uitgeoefend, worden uitgerust. Na de mechanisering kon de logger ook voor de treilvisserij worden gebruikt (treillogger). Dan werden er galgen, ijzeren bogen met katrollen, op aangebracht.

De allereerste loggers voerden drie masten. Na verschillende wijzigingen vond het schip spoedig zijn definitieve gedaante, dat wil zeggen een (strijkbare) hoofdmast en een kleine achtermast, voorzien van het zogenaamde kotterstuig (of nauwkeuriger: kitstuig). In 1897 deed de eerste stoomlogger zijn intrede. Reeds in het begin van deze eeuw werden veel zeilloggers (hout of staal) voorzien van een hulpmotor. Vanaf omstreeks 1930 werden de zeilloggers enkele meters verlengd en omgebouwd tot motorloggers.

De loggers vonden hun thuishavens vooral in Vlaardingen, Scheveningen en Katwijk. Zij visten op de Noordzee, vooral langs de oostkust van Schotland en Engeland, met het drijfnet op haring. Stoom- en motorloggers werden ook wel voor de treilvisserij ingericht en vingen dan kabeljauw, schelvis enz.

Treiler

De treilers zijn vanaf 1895 tot op de huidige dag bij de zeevisserij in bedrijf. Het zijn kielschepen die speciaal ontwikkeld zijn voor de visserij met het treil- of trawlnet, waaraan het schip zijn naam ontleend. Het trekken van het zware net vereist een krachtige voortstuwing. Vandaar dat de treilers pas in bedrijf kwamen, toen de stoommachine bij de visserij haar intrede deed.

De eerste stoomtreilers werden naar voortstuwing en lengte in drie groepen onderscheiden:

kustboten   : 200-300 pk; lengte 25-35 meter;
schelvisboten : 300-550 pk; lengte 30-40 meter;
Noordboten   : 550-800 pk; lengte 40-45 meter.

Na 1945 kwamen vooral motortreilers in de vaart, waarvan de lengte varieerde van ongeveer 31 tot 50 meter bij een breedte van 6,26 tot 8,52 meter.

Het opvallendste kenmerk van de treiler is de installatie waarmee het net wordt uitgezet en ingehaald, de z.g. galgen. Vóór 1961 visten

Moderne hektreiler (KW 171).

de treilers steeds via het zijschip (zijtreilers). Daartoe waren tegen de verschansing zogenaamde galgen geplaatst (meestal aan stuurboord, soms aan beide kanten) en aan dek voor het stuurhuis een zware winch. Na 1961 kwamen de hektreilers in bedrijf. Deze vissen via het achterschip. De galgen ontbreken, maar op het achterschip staat een grote brug, die beide galgen vervangt. De winch staat achter het stuurhuis. Sommige van de eerste hektreilers hadden een slipway voor het aan boord trekken van het treilnet.

Uiterlijk minder opvallend, maar van grote betekenis, is ook dat bij de hektreilers de vangst onmiddellijk na het binnenhalen van het net benedendeks wordt gebracht, zodat voor het eerst in de visserijgeschiedenis de sortering en verdere verwerking van de vangst in een beschutte ruimte kan geschieden.

Tot 1940 was IJmuiden de thuishaven voor de stoomtreilers. Na de Tweede Wereldoorlog hebben de motortreilers hun thuishavens vooral in Scheveningen, Katwijk en Vlaardingen. De treilvisserij wordt op de gehele Noordzee uitgeoefend en in de laatste jaren ook in de

28

Ierse Zee en het oostelijk deel van de Atlantische Oceaan. Met het treilnet kunnen zowel haring, platvis en andere rondvissoorten gevangen worden.

Motorkotter

Sedert ongeveer 1920 is de motorkotter bij de visserij in gebruik. Het is een kielschip, niet langer dan 27 meter. In zijn oorspronkelijke gedaante is het een klein soort treiler, speciaal ontwikkeld voor de visserij dicht onder de kust: 16,25 tot 26,65 meter lang en 5,12 tot 6,22 meter breed.

In deze vorm had de kotter alle kenmerken van de treiler, zoals galgen aan de verschansing en de winch. Na de Tweede Wereldoorlog en vooral in de jaren vijftig werden de kotters gebruikt voor de boomkorvisserij, een vangtechniek die vroeger al eeuwenlang door de strandschuiten als schrobnetvisserij was beoefend. Dit was mogelijk, omdat het veel kleinere schrobnet minder trekkracht vergde en dus met zeilschepen kon worden gesleept. De verbeterde versie van deze oude vismethode gaf aanleiding tot het verbouwen van de treilkotter. De galgen verdwenen en daarvoor in de plaats kwamen twee neerklapbare bomen, de 'gieken', aanvankelijk aan de voormast. Men spreekt ook van bokketuig. Vanaf 1963 zijn er ook hekkotters in de vaart gekomen.

Urk en Katwijk zijn belangrijke kotterhavens, maar honderden kotters hebben hun thuishaven in Wieringen, Texel, Den Helder, Volendam, Harlingen, Zoutkamp, Breskens, Goedereede, Ouddorp, Scheveningen enz. Deze motorkotters vissen langs de kusten van Nederland, België, Duitsland en Denemarken.

Het succes van de boomkorvisserij is voornamelijk toe te schrijven aan de winstgevende visserij op tong en garnaal. De kottervisserij met het treilnet richt zich vooral op kabeljauw, schelvis, schol en tong. De kotters bedrijven ook de spanvisserij (sleepnet voortgetrokken door twee kotters) op haring en kabeljauw.

29

Hoofdstuk 4

VANG DIE VIS

De vroegere Noordzeevisserij kende verschillende takken van bedrijf. De voornaamste waren de 'groote' of haringdrijfnetvisserij voor de oostkust van Schotland en Engeland met kielschepen, de beugvisserij op kabeljauw, schelvis enz. op de Doggersbank en bij IJsland en de kustvisserij, met name van 'de Zijde'. De huidige Nederlandse Noordzeevisserij kent als belangrijkste takken van bedrijf de 'grote zeevisserij' met treilers, door grotere maatschappijen in de vaart gebracht, en de 'kleine zeevisserij', vooral uitgeoefend met kotters van schipper-eigenaren, veelal ook in familieverband.

De 'groote visscherij'

De haringdrijfnetvisserij was eeuwenlang van zeer grote betekenis voor ons land: 'eene van de principaelste mijnen ende welvaren onser gemeener landen ende ingesetenen' (1580). De bloeitijd lag omstreeks 1630 met in totaal zo'n 500 haringbuizen met elk een bemanning van 12 tot 14 man. De belangrijkste haringplaatsen waren Enkhuizen, De Rijp, Brielle, Rotterdam, Delfshaven, Schiedam en Vlaardingen.

De bekende reder Ary Hoogendijk Jzn heeft in 1893 nauwkeurig beschreven hoe het er onder meer bij deze visserij aan toe ging. Het was van belang, dat de bemanning goed op elkaar was ingespeeld, zowel bij het schieten van de vleet als ook bij het halen. Alle handelingen waren op elkaar afgestemd, want de vleet met alles er op en er aan was een ingewikkeld vistuig.

Vleet uit

De vleet wordt in de namiddag 'geschoten' of uitgezet. De 'jongste'

Haringbuizen aan de vleet naar een schilderij van A. van Salm.

– dat is de oudste van de drie jongeren aan boord – haalt de reep uit het reepruim. De wantaannemer brengt de reep via de geesten van bakboord naar stuurboord, waar de stuurmansmaat en een matroos zijn geposteerd. Intussen halen twee man de netten uit het ruim en geven deze aan de matrozen die de vleet schieten. De stuurmansmaat steekt de seizings op de reep. Waar die aan de reep vastgemaakt moeten worden, kan hij zien aan merktekens. Het aanbrengen van die merktekens is al op de wal gebeurd en heet het 'muizen van de reep'. Een andere matroos steekt (bevestigt) de breels op. Wanneer de vleet met speerreep en vloten overboord is, volgt de reep met breeltouwen en breels. De grote mast van de logger wordt dan neergehaald, gestreken, om te grote windvang te voorkomen. Het schip is dan als het ware aan de vleet verankerd.

Vleet in

's Nachts om een uur of twee, drie kinkt het: "'t is-t-er van halen...'. De bemanning komt slaperig uit de kooi en begeeft zich aan dek. Zodra de schipper het sein geeft, beginnen de vier spillopers het spil rond te duwen waarmee de zware reep wordt binnengehaald. De jongste moet, zodra de vleet bij het schip komt, de eerste breel 'afsteken' (losmaken) en vervolgens de volgende breels en seizings. De vier wantstaanders trekken de vleet beetje bij beetje binnenboord over de geestrollen, 'halen de vleet', en schudden de haring er uit in de krebben, vakken van gestapelde planken aan dek.

Wanneer de eerste helft van de vleet gehaald is, de zogenaamde 'langen last', wordt, eventueel na een korte pauze, aan de tweede helft begonnen. Intussen bergt de kok de netten in het ruim en schiet de reepschieter de reep in het reepruim. Het inhalen van de vleet vergt zo'n vier uur bij goed weer. Het is dan zes à zeven uur in de morgen geworden.

Kaken

Na wat brood en koffie gaat men onmiddellijk kaken. Met een kaakmesje wordt de gal of het 'gelletje' met bijbehoren uit de haring gehaald. Een goede matroos kaakt per uur ruim twee kantjes, dat wil zeggen tweemaal 800 tot 1000 haringen. De negen kakers samen dus zo'n twintig kantjes per uur. De gekaakte haring gaat in grote manden, gesorteerd naar volle, maatjes, ijle, kuitzieke en homzieke haring. Vanuit de kaakmanden wordt de haring in de warbak geschept, flink gezouten en met de warleutel omgeroerd. Vervolgens wordt de haring in lagen in de tonnen gelegd. Na een week moeten deze tonnen weer geopend worden. Door het zout is de haring gekrompen en is de ton niet meer vol. Hij wordt 'opgehoogd' of 'gepakt'. Zeventien kantjes zijn gelijk aan veertien gepakte tonnen haring. Wanneer de vangst erg groot is, wordt het pakken van de haring overgelaten aan het walpersoneel, de zogenaamde 'natte kuipers'. Het kaken duurt tot omstreeks één uur in de middag, afhankelijk van de grootte van de vangst. Na het strijken van de tonnen in de ruimen is de bemanning dan zo'n veertien uur onafgebroken in touw geweest. Zo ging het dag in dag uit, meestal drie reizen van zes tot zeven weken achtereen vanaf eind mei of juni tot in november.

Dogge- en IJslandvaart

De beugvisserij op kabeljauw en schelvis op de Doggersbank of bij IJsland was een nog harder bedrijf dan de vleetvisserij, vooral in de winter. Omstreeks 1770 voeren er 160 schepen uit Maassluis en Vlaardingen ter IJslandvisserij en zo'n 120 hoekers ter Doggevaart. Daarnaast waren vooral de vissersplaatsen in het Overmaas, te weten Zwartewaal, Pernis en Middelharnis bekend om hun Doggevaart, eerst met bezaanschuiten en gaffelaars, in de loop van de negentiende eeuw met fraaie sloepen. De eerder genoemde reder Hoogendijk heeft ook de beugvisserij beschreven.

Beug uit

'Zet je joon maar op hoop van zegen', commandeert de schipper, wanneer zij op een goede visplaats zijn aangekomen. De stuurmansmaat gooit het eerste joon met baaklijn en gooi in zee. De schotter schiet dan de eerste beuglijn overboord. Wanneer er twintig lijnen ('een bak') uit zijn, maakt de achteraanhouder de lijnen van het tweede joon vast aan een gooi of werpanker en verbindt daaraan de 'tweede bak'. 'Aangeheeld is je gooi' klinkt het dan en het tweede joon plonst in zee. Zo gaan er nog zeven bakken.
Als de gehele beug in zee is, commandeert de schipper 'Haal aan je schoten' en vaart het schip terug naar het begin van de twaalf kilometer lange beug. Dit 'oversprangen', zoals het in Middelharnis heette, duurt wel zo'n twee uur.

Beug in

Zodra er 'grootsplit', de benaming voor het derde joon, wordt geroepen, weet men dat het 'endeljoon', het eerste joon, in zicht is. De stuurmansmaat staat al klaar om met een dreg het endeljoon op te pikken. De drie mannen 'van de haal' op de 'haalplank' trekken de beug binnenboord en ontdoen de hoeken van de vis. De zwaardere vissen, zoals grote kabeljauwen en heilbotten, trekt men met een haakstok binnenboord of met een schepnet, wanneer de

Vishoeker die de beug inhaalt.

vis levend de bun in moet. De inbakker 'bakt' de beuglijn netjes in een mand, de piesben. De 'man van de snee' snijdt de vis plat, terwijl de omtoor de vis de koppen 'afzet'. De stuurmansmaat spoelt de gesneden vis schoon en zorgt er voor, dat die in de tonnen wordt weggezouten. Drie matrozen houden zich bezig met het sple- ten van de ingebakken beuglijn, dat wil zeggen de hoeken vastzetten in gespleten houtjes op de aasbak, om te voorkomen dat de beug- lijn verward raakt.

Voortdurend levert de bemanning commentaar op de vis die boven water komt en dan nog wel op rijm. Komt er een luchtbel aan de oppervlakte, ten teken dat er een kabeljauw aan de haak zit, dan wordt er 'horlogeglazen' geroepen en als antwoord: 'Matrozen zijn geen bazen'. Bij twee kabeljauwen roepen de 'mannen van de haal': 'Twee in het water' en zegt de schipper: 'Een kat is geen kater'. Drie kabeljauwen is heel iets bijzonders, want dan klinkt er: 'Oranjeboven'. Bij de versvaart, dat wil zeggen een visreis waarbij de vangst zo veel mogelijk levend wordt aangevoerd, controleert de bemanning dagelijks of er dode vis in de bun zit. Die wordt er dan uitgehaald. Karen heet dat. De uit de bun gehaalde vissen worden onder de naam 'repers' bij de scheepsmaaltijd voorgezet. Bij de zoutvaart volgt na het inhalen van de beug het inzouten van de vis in tonnen. Ook nu moeten de tonnen met de vangst na enige dagen weer geopend worden en bijgevuld, omdat door het zout de vis krimpt.

De kustvisserij van de Zijde

Langs de gehele Nederlandse kust, van Delfzijl tot Vlissingen, is aldoor kustvisserij bedreven, met aken, snikken, blazers, pinken, bomschuiten, schokkers en botters, enz. De visserij van de Zijdse dorpen, zoals Scheveningen, Katwijk, Noordwijk, Zandvoort en Egmond, was wel de meest omvangrijke. In 1753 voeren er 82 bomschuiten uit, waarvan alleen al 44 uit Katwijk. Het hoogtepunt was 1894 met in totaal 334 bomschuiten.

De Zijdse vissers mochten tot 1857 niet kaken. Dat was het monopolie van de steden aan de Maas en in het Noorderkwartier. De Zijdse vissers voerden dus steurharing aan, dat wil zeggen ongekaakte gezouten haring, die tot bokking werd gerookt. Ook visten zij met de beug. Belangrijker nog was hun 'kantvaart': de visserij met het schrobnet voor de kust, op de 'Breeveertien' of wat verder weg op de buitengronden van Texel. Een Katwijkse visser heeft in 1790 een levendig verslag van de visserij gegeven, o.a. van de kantvaart. Laten wij hem een eindje volgen voor de kust van 'de Hey' (Terheide).

Het net gespannen

'Regt voor de Heij; jaamaat (achterzeiltje) in, en wenne (wenden). An see zeylende, ik seg: jonges laaten wy maar gaan spanne. Zy

segge: asy maar wil. Het net gespanne, ik seg: gooyt het lood. Het
lood gegooyd: 9 vaam (9 x 1,83 m). Ik seg: wij zulle maar toegaan.
Het net afterop de schuyt geleyt. Dan segge wy: het net leyd op
syn gat. Ik seg: gooy weg het net. De afterman, hetwelk een van
de jongste knaape is, seyt: daar gaat het heen! En geeft bot na be-
hoore. Ik seg: hoe veel bodt zelle wy after geeve, mannen? Zy
zegge: zoo veel alst Uw goedt dunkt. Ik seg: geef 3 muystjes (de
lengte van drie muizingen) *after; dat is de lyn an 4 verdeeld en is*
zoo tneegentig vaam lang. De voorluy maake de lyn om de mast
vast en segge teege de afterman: gooy of en laat hem voor de
mast op draaye. Ik seg: haast u wat en span vaarig (vaardig, vlug)
het 2 (tweede) *net, want het gaat hart na de ly. Een, twee, drie*
het net is klaar. Zy zegge: wy zyn klaar. Ik seg: baks op! Dan zeylt
de schuyt after uyt, en wy zetten het net vóór het eerste, en geeve
15 vaam minder als het eerste net. De lyn uytgeloope, dan haale
wy oover, de eerste after en de 2 voor'.
Zij trekken de schrobnetten door zee langs Scheveningen, zien 'Sint
Jaapik' (de Haagse toren) en gaan door met de trek 'tot omtrent
de Marreye, dat is Katwijk binnen en Reynsburg'.

Halen

'Ik seg teege myn maat: roep maar "Leerye" (kom boven). *Myn*
maat "leerye" geroepe, hebben de uyt de kooy gekoome vel en
wante angetrokke. Ik seg: rook nog een halve peyp tebak. Als de
Marrije an ly vant dorp zyn, dan zullen wy haale. De Marrije an
ly vant noorste (noordelijkste) *schuytegat koomende en de Burg*
naakte, streeke wy de zeyle; de leyne voor geleyd, haalde wy het
voornet eerst op. De knosse (knoop waar de vislijnen op de sprenkels zitten) *en de sprenkels* (lijnen waaraan het net vast zit) *een*
voor een after gehaald, het hoofd voor en achtergegaan met de
sprenkel, ent net op de bil (achterzijde van het schip) *gevoerd en*
de wam (zijnaad aan het net om vast te grijpen) *zoo voors tot de*
kuel (kuil). *De kuel aan boord: laave* (vis uit het net scheppen)
jonge. Haal het laafnet (schepnet). *Ik seg: wat ist? Wel wat wout*
weese, zegge zy teege my, zoo wat kneukels en vuyligheyd. Ik seg:
ja, ja, de buyt zit onder in. Altans, wij haalde het afternet ook op,

en wy gaave 6 scheppe uyt by de nette. De vis leesende (bijeen-
zamelen, uitzoeken), *5 benne scharre, 2 mandes schol, 1 mande
tonge. Ik seg: wy zelle de vis an de wal gooye, en zoek een ander
lek* (viswater)'.

De grote zeevisserij

De visserij met het treilnet, dat door uitscherende borden in plaats
van een boom in zijwaartse richting wordt opengehouden, heeft
sedert het einde van de vorige eeuw grote opgang gemaakt. Vooral
IJmuiden is vanwege zijn stoomtreilvisserij bekend geworden. Tegenwoordig zijn de treilers uitgerust met een motor. Tot 1961 kende
men in Nederland alleen zogenaamde zijtreilers, die het net via
het zijschip uitzetten. Sedertdien zijn er echter ook hektreilers gekomen, die via het achterschip vissen. Eind 1973 telde de vloot
van de grote zeevisserij 68 treilers.

Een trek met de treil

Aangekomen op de plaats waar men wil gaan vissen, laat de schipper de treiler stil liggen. Het treilnet wordt nu overboord gezet. Het
is van belang, dat het net in een juiste stand ten opzichte van het
schip in het water komt. De sleeplijnen lopen via de twee zogenaamde galgen, ijzeren bogen met katrollen, naar de winch. Wanneer het net en de scheerborden in het water zijn, gaat het schip
varen. De sleeplijnen worden bijeengehouden in een sliphaak op het
achterschip, zodat het schip in elke richting kan draaien en vissen.
Dan begint de trek. IJzeren kettingen aan de onderzijde van de netopening, wekkers geheten, doen de platvissen in en op de zeebodem
schrikken en jagen ze in het net. Een trek op een schone visgrond
duurt een uur of twee; op een vuile korter, omdat de hoeveelheid
vis en vuil te groot wordt en de kuil, het achterstuk van het net,
zou kunnen scheuren. Sedert 1966 vist men ook met zogenaamde
pelagische netten, dat wil zegen netten die op elke gewenste hoogte
tussen bodem en wateroppervlak kunnen vissen en waarmee men
pelagische vis kan vangen en niet slechts bodemvis.

Het treilnet is binnen boord, de vangst valt in de 'last .

Het ophalen van de treil

Wanneer naar het oordeel van de schipper de trek lang genoeg ge-
duurd heeft, gaat men het treilnet binnenhalen. De sliphaak wordt
losgemaakt en de sleeplijnen worden met behulp van de winch
ingehieuwd tot de scheerborden bij de galgen zijn aangekomen. De
scheerborden maakt men aan de galgen vast. De zware grondpees,
de onderste rand van de netopening, wordt met de winch ingehaald.
De wekkers laat men langszij hangen. Rond de met vis gevulde kuil
legt men een stevige strop en hierin steekt men de haak van de
vistalie. De zware kuil wordt vervolgens met de winch aan boord
gehesen. Wanneer men de kuilbendel of pooklijn, waarmee de onderzijde van de kuil voor het schieten was dichtgebonden, losmaakt,
valt de gevangen vis in 'de last', een met planken afgezette ruimte
op het dek. De vis wordt gestript, dat wil zeggen schoongemaakt,
en vervolgens gespoeld en in ijs bewaard. De moderne hektreilers
beschikken over koel- en/of vriesruimten.

De kleine zeevisserij

De boomkorvisserij met kotters heeft na 1945 een grote vlucht genomen en is in economisch opzicht de belangrijkste tak van visserij in Nederland geworden. Eind 1973 telde de vloot van de kleine zeevisserij 472 schepen, vooral kotters.

De boomkorvisserij is een verbeterde vorm van de oude schrobnetvisserij. De twee netten worden met gieken (bokketuig) in het water gebracht en door het varende schip over de zeebodem voortgesleept. Het gevaar van kapseizen bij deze visserij – het net kan blijven haken – heeft er toe geleid, dat van overheidswege voorschriften zijn uitgevaardigd, vooral ten aanzien van de stabiliteit van de schepen, ter beveiliging van de boomkorvisserij.

Vissen met de boomkor

Wanneer het bokketuig in de uitgangsstelling is gebracht, hangen de netten buiten boord. De vislijnen worden gevierd tot de gewenste

Een kotter, vissend met de boomkor.

lengte, die afhankelijk is van de diepte en de bodemgesteldheid. Met de beugels of schoenen glijden de boomkornetten over de bodem. Ook hier zijn wekkers aan de onderzijde van de netten aangebracht om de platvissen op te jagen.

Wanneer naar de mening van de schipper lang genoeg gevist is, gaat men halen. De vislijnen worden ingedraaid. Met het kuiltouw trekt men de netten langszij en wordt de kuil aan boord gehesen. Het grootste deel van de vangsten van de kotters bestaat uit platvis en garnalen. Veel kotters zijn tegenwoordig tevens ingericht voor de visserij met de bordentreil.

Hoofdstuk 5

DE VIS GEMIJND

Vis is een tamelijk lastig handelsprodukt. In geconserveerde toestand, bijvoorbeeld gedroogd, gezouten of gerookt is het enige tijd houdbaar, maar de verduurzaming van het visserijprodukt is een probleem van alle eeuwen geweest. In het algemeen bederft vis snel en daarom moet de vangst liefst onmiddellijk na aankomst verkocht worden. Dat gebeurt uitsluitend op een veiling, want in Nederland is dat verplicht.

Prijsvorming

Bij ons heet een visveiling de afslag, omdat de prijs niet bij opbod, maar bij afslag, dat wil zeggen van hoog naar laag, wordt bepaald. Grote visafslagen waar veel handelaren komen, zijn voor de visserij van groot belang. Er zijn sterke prijsschommelingen mogelijk, omdat op het moment van aanbieding de vraag klein of het aanbod groot kan zijn en omgekeerd. Opmerkelijk is, dat tot op de huidige dag het inkomen van de beroepsvisser nog rechtstreeks beinvloed wordt door de prijs die op de afslag wordt gemaakt.
Ook daarom is het zo belangrijk, dat moderne visserijschepen een deel van de vangst in diep gevroren toestand kunnen aanvoeren. Bewaard in vriespakhuizen kan dit produkt langdurig bewaard worden en als verse vis op de afslag ten verkoop wordt aangeboden op een moment dat de markt gunstig is.

Vismijnen

Visafslag of vismijn is het openbaar verkopen van vis, waarbij de afslager de bedragen van inzet in afdalende reeks noemt en de koop wordt toegewezen aan de hoogst afmijnende, degene die het eerst 'mijn' roept. Sedert er elektrische mijntoestellen in gebruik zijn (± 1900) roept de koper niet meer 'mijn', maar drukt hij op een knopje, waardoor op het mijnbord een lampje gaat branden bij zijn plaatsnummer en de wijzer blijft staan bij de koopprijs.

Visafslagen ontstonden toen de visserij méér ging aanvoeren dan voor de plaatselijke consumptie nodig was. Tot de oudste visafslagen behoorden die van Brielle (omstreeks 1405), en Schiedam, ongeveer 1434. Zij kenden nog geen officieel aangestelde afslager. De schippers mochten zelf hun vis afslaan. De plaatselijke overheid beperkte er zich toe de plek aan te wijzen waar de vis verkocht moest worden, teneinde de visverkoop te bevorderen.

Naarmate in de vijftiende eeuw de vis een belangrijker economisch produkt gaat worden, neemt de bemoeienis van de overheid met de visserij en de vishandel toe. In het belang van de plaatselijke groothandel en haringhandel neemt de overheid talrijke maatregelen om de kwaliteit van de vis te waarborgen.

Omstreeks 1600 bestonden er in alle aanvoerplaatsen afslagen en was er een afslagplicht voor alle verse en gezouten vis. Gekaakte haring werd eveneens in belangrijke mate via de afslag verkocht. Toen in de loop van de achttiende eeuw echter de koopman-reder een normale figuur in de haringvisserij was geworden, werd gekaakte haring veelal via onderhandse verkoop verhandeld.

Voor de vissers, die als loon een aandeel in de besomming genoten, had de visafslag ook nog betekenis als het officiële instituut, waar zij konden controleren of zij hun rechtmatig aandeel in de besomming ontvingen.

Bekende afslagen uit vroeger tijd waren die van Scheveningen, waarover de oudste gegevens dateren van 1500, en die van Middelharnis (1597-1856). De enige rijksvisafslag in Nederland werd in 1899 te IJmuiden opgericht. De belangrijkste haringafslag was toen Vlaardingen. Door de grote aanvoer van de kottervisserij breidden verschillende kleine afslagen zich in de laatste tien jaar zeer sterk uit, zoals Den Helder, Urk, Stellendam en Harlingen.

Afslag op het Scheveningse strand

Wanneer de Scheveningse bomschuiten op het strand geland waren,

VISCH-AFSLAG.   VENTE DES POISSONS.

Afslag op het Scheveningse strand.

werd de vangst onmiddellijk gelost. De gewone vis werd in manden te kijk gezet op het strand, de fijnere vissoorten spreidde men netjes uit, ook op het strand. Dit deed men nog in 1900. Intussen waarschuwde de klinker of omroeper met zijn koperen bekken de dorpelingen. De stokhouder, afslager en naschrijver waren dan al op het strand gearriveerd. De eerste wees met zijn stok een partij vis aan en de afslager riep in snel tempo het aantal stuivers in afdalende reeks. Wie 'mijn' riep, was koper. De afslager noteerde de naam van de koper in een soort code. Elke geregelde koper had voor dit doel een kort bijnaampje. De naschrijver maakte van elke koop een briefje, een rekening.

Hij had heel wat te schrijven, want voor elke koop betaalde de koper ook nog een stuiver 'Goodsgeld' voor kerk en weeshuis. De naschrijver ontving voor zijn administratie een duit van elke gulden (1/8 stuiver) die de verkochte vis opbracht, ook van de vis die de Scheveningers elders verkochten. Ook had hij het recht eenmaal per week van elke bomschuit die aan de afslag kwam, een zoodje vis te ontvangen. Omdat de visafslag aan hem verpacht was – in 1739 bijvoorbeeld voor *f* 350,— – moest hij maar zien uit de opbrengst de pachtsom te kunnen betalen.

Het ging er niet altijd vredig aan toe. Vandaar de bepaling, dat de kopers op vijf voet afstand van de afslager en de koop vis moesten blijven. Als er ruzie werd gemaakt over de kwaliteit van de vis of over de hoeveelheid, dan beslisten de zegslieden, dat waren door de overheid benoemde scheidsrechters. Het was de kopers geraden om, wanneer hun een mooi zoodje vis ontging, al te zware verzuchtingen achterwege te laten. Er stonden fikse boeten op 'vloucken..., ondorpere vuyle ontamelicke woorden te spreecken, lachtenende den naem Goodts ende zijne gebenedijde gaven'. Het ergste was nog bedrog. Dan werd men 'gecorrigeert' met een boete van tien pond, een hoog bedrag, en moest de bedrieger te schande staan 'op die kaecke (schandpaal) een tijt van twee uren'.

De Menheerse afslag

Een heel belangrijke afslag in Zuidwest Holland was die van Middelharnis (1597-1856). Ook deze werd verpacht aan de hoogste inschrijver. Het afslagrecht bedroeg er sedert 1611 5 % van de verkochte verse vis, in 1759 7½ %. De afslager zette een bepaald bedrag in en verminderde bij elke 'roep' of 'woord' dit bedrag met een stuiver.

De vissers kregen hier hun geld onmiddellijk uitbetaald. De afslager moest het geld zien te innen van de kopers. Dat waren veelal de eigenaars of boekhouders van de zogenaamde ventjagers: snelzeilende schepen met een bun, die reeds in de zeegaten de vis overnamen van de binnenkomende vissers. In Middelharnis waren ook vele bunschepen die de vis, vooral tarbot, exporteerden naar Engeland, Brabant en Vlaanderen. Vele inwoners van deze plaats bezaten scheepsaandelen in deze schepen.

Vooral in de tweede helft van de achttiende eeuw bloeide de visafslag van Middelharnis. Van 1 november 1796 tot 16 april 1797, dus gedurende 167 dagen, bedroeg de omzet er 56.076 levende kabeljauwen, en 618.325 levende schelvissen. Ook hier kwam nogal eens onenigheid voor. Daarom was er een vismaat in Rijnlandse duimen ingesteld. Een Rijnlandse duim was 2,616 centimeter. De vismaat hangt nu nog in het raadhuis ter plaatse:

44

heele tarbot	16	duym
heele rogge	18½	duym
halve rogge	16	duym
halve kabbellaauw	26½	duym
heele kabbellaauw	30	duym

Alle schepen die het Goereesche Gat binnenvoeren, waren volgens de Menheersenaars verplicht over hun vis afslagrecht in Middelharnis te betalen. Niet alleen de vissersvaartuigen en ventjagers uit de plaats zelf, maar ook vreemde. Verkocht men die vis op een andere afslag, dan eisten de Menheersenaars toch nog 2½ % afslagrecht. Daartegen is in de loop van de negentiende eeuw sterk verzet gerezen, vooral van de kant van Schiedam, Zwartewaal, Pernis en Vlaardingen. Eindeloze processen leidden er tenslotte toe, dat in Middelharnis alleen nog afslagrecht geheven mocht worden van de vis die ter plaatse verkocht werd. De inkomsten liepen sedertdien zo sterk terug, dat men in 1856 de visafslag ophief.

Rijksvisafslag op IJmuiden

Op 1 november 1876 ging het Noordzeekanaal officieel open. Had het aan Amsterdam gelegen, dan zou IJmuiden nooit een haven van enige betekenis zijn geworden. Van begin af aan echter gebruikten vele vissersvaartuigen de ruimte tussen de pieren en het toeleidingskanaal als een vluchthaven om van zaterdag op maandag over te blijven. Het kon niet anders of er moest daar handel in vis ontstaan. De talrijke vissersvaartuigen belemmerden echter het in- en uitgaande scheepvaartverkeer. Er kwam dan ook spoedig een afzonderlijke vissershaven.
Ook de eerste particuliere afslager liet niet lang op zich wachten: Reyer Visser uit Nieuwediep, die aan de Kanaalstraat Café Afslag liet bouwen. Ook anderen zagen daar brood in. Het leidde tot een moordende concurrentie, corruptie en andere kwalijke praktijken. De vissers waren op zee hele kerels, maar op de wal in zaken onmondige kinderen, waarvan sluwe commissionairs handig gebruik maakten. Regeringsingrijpen kon niet uitblijven. In 1899 kwam de rijksvisafslag, die nog jaren moest opboksen tegen de particuliere

Visafslag te IJmuiden.

afslagers. Dank zij een laag 'innemansgeld' (afslagretributie) van 1 %
en veel gunstiger kredietvoorwaarden werd het pleit beslecht. In
1902 waren de particuliere afslagers verdwenen.
Sedertdien breidde de visafslag en de vishandel zich daar zeer sterk
uit. Tijdens de Eerste Wereldoorlog werden zeer hoge prijzen gemaakt. Zelfs opgesmukte 'kaarteblaadjes' (pufscholletjes) brachten
nog ƒ 30,— tot ƒ 50,— op. Er heerste in die jaren een typische en
chaotische sfeer in en rond de vishallen. Diefstal was er schering en
inslag. Echte IJmuidenaars kochten immers geen zoodje vis. 'Wie
appelen vaart, appelen eet', zei men. Een zoodje vis meenemen,
'een sneessie maken', kon te midden van zo veel vis geen kwaad.
Eerst in de jaren dertig kwam er geleidelijk een eind aan deze
chaotische toestanden in de IJmuider vishandel.

De deftige Vlaardingse haringafslag

De Vlaardingse haringafslag ademde een heel andere sfeer. Het was
er deftig. Het elektrisch mijnbord had er al vroeg zijn intrede gedaan. 'Verschil moet er wezen'. De gezeten aristocratische haring-
kooplieden en reders noteerden er de afslagprijzen in afslagboekjes

met goud op snee. Zij waren voor f 3,— per stuk verkrijgbaar bij drukkerij Dorsman & Odé. Het mocht geen bezwaar zijn voor nieuwkomers, wier zaken dikwijls omvangrijker waren dan die van de lang gevestigde kooplieden, maar zij hielden zich bij afslagboekjes van eenvoudiger model.

De Vlaardingse haringafslag.

De haringafslag begon 's morgens om half elf. Een Oranjevlag op de Vlaardingse toren kondigde dat aan. Precies half elf gingen de deuren van de afslag dicht. Laatkomers kregen dan nog slechts toegang tegen betaling van een dubbeltje, al waren hierop wel uitzonderingen. Men kwam er niet zo maar in. Het afslagreglement van 1910 geeft precies aan wie er recht op toegang hadden. De reders en de leden van de afdeling Vlaardingen van de Vereeniging ter Bevordering van de Nederlandsche Visscherij hadden gratis toegang. Voor hen was er in de afslagzaal ook een afzonderlijke 'rederstafel'. Kooplieden en makelaars mochten een vaste zitplaats huren. Wie dat gedaan hadden en waar zij zaten, kon men lezen op gedrukte nummerlijsten. Ook hun plaatsknechts en de schippers van wie iets aan de afslag was, kregen gratis toegang. Op vreemden had men het te Vlaardingen niet zo begrepen. Introducé's van kooplieden en makelaars mochten gratis binnen 'voor zover zij bij uitzondering den afslag bezoeken'. Vreemdelingen die geregeld kwamen, betaalden *f* 15,— per seizoen. Men deed weinig moeite kooplieden van andere plaatsen aan te trekken. Vlaardingen was immers het centrum van de Nederlandse haringhandel. Maar men bleef beleefd: 'Reeders en makelaars van andere plaatsen hebben, voor zoover zij zich dadelijk na aankomst van hun trein naar het afslaglokaal begeven, na het sluiten der deuren nog zonder betaling toegang'.

De Vlaardingse afslag huisde sedert 1920 in het nieuwe 'Handelsgebouw'. Het interieur van het afslaglokaal had een allure, die in overeenstemming was met de betekenis van de Vlaardingse haringvisserij en -handel in die tijd. Het 'Handelsgebouw' moest echter in 1957 gesloopt worden. Het vertoonde verzakkingen. Na enige omzwervingen is de Vlaardingse haringafslag nu gevestigd in het Visserijmuseum aldaar.

Hoofdstuk 6

AMBACHTEN ROND DE VISSERIJ

Het bedrijf van de zeevisserij beperkt zich niet tot de visvangst
zelf. Er zijn zeer vele nevenbedrijven aan verbonden. Rond 1900
hadden de meeste nog een ambachtelijk karakter. Bijvoorbeeld de
scheepsbouw met zijn vele toeleveringsbedrijven, zoals de masten-
makerij, de zeilmakerij, touwslagerij, blokmakerij. De vervaardiging
van vistuig gebeurde in gespecialiseerde bedrijven. Werden de grote
haringnetten omstreeks 1900 al in nettenfabrieken in Gouda, Apel-
doorn en Twente gebreid, het repareren van die netten (boeten) en
het tanen deed men in de vissersplaatsen zelf. Sommige bedrijfjes
legden zich toe op het vervaardigen van drijvers voor de vleten, zoals kurken vloten en Schotse blazen. Het slaan van de stalen gebeurde veelal in de vorm van huisnijverheid voor rederijen en touwslagers. Hoek- en sneumakerijen voorzagen de beugvisserij van de
noodzakelijke beugonderdelen.
Talrijk ook waren de ambachten die visverpakkingsmateriaal maakten: droge kuiperijen die haringtonnen leverden, mandemakerijen,
natte kuipers die de uit zee komende tonnen haring opnieuw 'pak-
ten' en voor export gereed maakten. Ook de visconservering heeft
allerlei gespecialiseerde bedrijven in het leven geroepen: rokerijen,
drogerijen, inleggerijen (in zuur leggen of marineren), blikconserven
en tegenwoordig de koel- en diepvriesbedrijven. En dan laten wij
nog buiten beschouwing de toeleveringsbedrijven voor proviand,
victualiën, werkkleding enz.

In de bouwschuur

Elke vissersplaats van enige betekenis had wel een of meer scheeps-
werven. Zag men ze niet, dan hoorde men ze wel vanwege het luide
'klinken'. In de dorpen langs de kust, zoals Scheveningen en Katwijk,
was geen haven. Daar bouwde men de bomschuiten achter de dui-

Loggers in aanbouw op de werf 'De Hoop' te Schiedam.

nen in de bouwschuur. Men begon met het leggen van de platte bodem. Waren de bodemstukken goed aan elkaar bevestigd, dan konden de stevens aangebracht worden en vervolgens de spanten en de huidgangen. Hier heel wat eenvoudiger gezegd dan in werkelijkheid gedaan, want er kwam geen tekening aan te pas. Op het oog gaf men vorm aan het schip. Echt vakmanschap, want die vorm was erg belangrijk voor de zeewaardigheid van de bomschuit.

Na een maand of twee was de romp gereed en afgeschilderd. Dan kon de bomschuit 'neergaan', dat wil zeggen naar het strand vervoerd worden, een enorm karwei. De afstand van de bouwschuur naar het strand bedroeg zo'n 400 tot 500 meter. Men deed er acht uur over, in twee étappes met een tussenpoos van een week. In die week werden de masten en ander rondhout aan boord gebracht. Over houten schuitenrollen trok men de bom naar het strand en werd dan bij laag water in zee gezet.

Op de helling

In de havenplaatsen lagen de scheepshellingen aan het water. De schepen die men er bouwde, waren kielschepen. Men begon dan ook allereerst met het leggen van de kiel: een zware balk van zo'n 35 centimeter breed, 25 centimeter dik en 25 meter lang, als het een houten logger betrof. Dan volgde voor- en achtersteven, de spanten, huidplanken enz. Een secuur werk van uiterst knappe ambachtslieden, alles zonder tekening: 'bouwen op een praatje', het zorgvuldig bewaarde werfgeheim, slechts bekend aan de werfbaas. Bijna alle onderdelen van de houten loggers – en dat waren er vele – werden op de werf zelf gemaakt.

De dag van de tewaterlating was steeds een grootse gebeurtenis. In Vlaardingen was daarbij de actieve medewerking van de jeugd nodig. Wanneer de loggers er van de hellingen langs de Oude Haven gleden,

Een logger klaar voor de te waterlating op de werf 'De Hoop' te Schiedam.

dan liepen zij vast in de klei van de kade aan de overzijde. Daarom mochten er zo'n 100 jongers aan boord. Op commando liepen zij allen tegelijk van bakboord naar stuurboord en omgekeerd, net zo lang totdat de logger was losgewrikt. Dan begon de afbouw.

De droge kuipers

De droge kuiperij was een van de meest omvangrijke nevenbedrijven. De haringvisserij en haringhandel had honderdduizenden tonnen en tonnetjes nodig. Zij werden gemaakt in de 'droge' kuiperij. Dit in tegenstelling tot de 'natte' kuiperij, die de met haring gevulde tonnen bijvulde, zoals wij nog zullen zien. Uit ruw eikenhout kloofde de kuiper de duigen. Eerst stak hij één zijde vlak. Dan stak hij er schuine stroken of snepels af, zodat het plankje in het midden breder werd dan aan de uiteinden. Vervolgens stak hij de andere zijde glad en bewerkte dit met het holmes. De zijkanten werden op de strijkbank glad geschaafd.

Het was een uiterst nauwkeurig werk, want één streekje te veel of te weinig en de ton zou straks niet waterdicht zijn en door de kuipersbaas worden afgekeurd. Dat voelde de kuiper in zijn eigen portemonnaie, want hij werkte voor stukloon: eind vorige eeuw 35 cent voor een hele ton en 14 cent voor een 'zestientje' of keg.

De zo bewerkte duigen werden door de kuiper in vorm opgezet met enige ijzeren banden (beslagringen) er om. De harington in wording liet hij vervolgens warm worden boven een vuurtje. Dan trokken de duigen krom. Waren de duigen voldoende warm, dan konden zij stevig in elkaar gedreven worden. Met de kroosschaaf maakte de kuiper aan het boven- en ondereinde van de ton sponningen, die straks de bodem en het deksel moesten vasthouden. Was de bodem eenmaal aangebracht, dan werden de beslagringen vervangen door tenen hoepen. Goede kuipers brachten het tot zo'n 80 tonnen, grote en kleine, per week. Het was dan wel een werkweek van 80 tot 100 uur, niets ongewoons in die tijd.

52

Droge kuiperij. Kuiperij De Haas te Maassluis plm. 1900.

Natte kuiperij. Rechts op de foto de koffiejongen.

De natte kuipers

De droge kuipers werkten op volle toeren tot aan het begin van de haringteelt, omstreeks half juni. In juli en augustus, wanneer de haringexport op gang begon te komen, werden zij 'natte' kuipers. De uit zee aangevoerde tonnen haring werden geopend en met zout en haring bijgevuld, 'opgehoogd'. Door het zout was de haring immers gekrompen en men kon moeilijk gedeeltelijk gevulde tonnen haring in de handel brengen. Bovendien bestonden er in de haringhandel tonnen van verschillende inhoud: hele, halve, een-vierde, een-achtste, een-zestiende en zelfs een-tweeëndertigste tonnen. Dit pakken en ophogen vond zowel in de pakkerijen als ook bij grote aanvoer op de kaden plaats.

Boeten

Ook de nettenboeterij was een omvangrijk nevenbedrijf, meestal uitgeoefend door vrouwen en meisjes. Na elke visreis werden de haringnetten en treilnetten naar de boetschuur of naar het boetveld gebracht om de beschadigingen te herstellen: boeten. Met behulp van de 'garro', een verticaal draaiende houten haspel, wond men het boetgaren tot een kluwen, die dan in een netje aan de leuning van de stoel werd gehangen. Een stuk boetgaren draaide men op de boetnaald: 'vollen' heette dat. Boetnaalden waren van verschillende afmetingen, bijvoorbeeld 2,5 centimeter breed en 25 centimeter lang. Het waren platte 'naalden', meestal van buigzaam hout, iepen- of essenhout.

De mazen van een net moeten een wettelijk voorgeschreven grootte hebben. Om mazen van een bepaalde grootte te kunnen maken, gebruikte men 'spanen' of 'schielen', platte houten blokjes van een bepaalde omtrek. Bij het boeten hing men de netten aan 'boetproppen', houten stokken in een stevige voet met bovenop een ijzeren pin.

Het nettenboeten was een precisiewerk, dat grote vaardigheid vereiste. In grotere vissersplaatsen waren dan ook boetscholen of boetcursussen. Heette het repareren van netten 'boeten', het maken van nieuwe netten noemde men 'breien'. Dit gebeurde na 1900 vooral

De koffiejongen, die de koffiekannen en de stikkezakjes draagt.

in nettenfabrieken, machinaal. Tot ongeveer 1860 was het boet- en breigaren van hennep, daarna van katoen en tegenwoordig van nylon of andere kunstvezels.

Stalen slaan

Stalen waren dubbelgevouwen en in elkaar gedraaide eindjes hennepgaren van een halve meter. Hiermee werden de haringdrijfnetten aan de speerreep vastgemaakt. Voor elke vleet had men wel 30.000 stalen nodig, die elke reis vernieuwd moesten worden. Elke teelt had men dus miljoenen stalen nodig. De produktie van stalen lag omstreeks 1900 op zo'n 300.000 stuks per week in de periode van november tot mei.

Het slaan gebeurde met behulp van een 'stalenwiel', een machientje bestaande uit twee op kleine afstand van elkaar gelegen asjes. Hieraan zat een haakje. De asjes werden met een groot wiel en een koord of riempje snel rond gedraaid. Tegenover de asjes bevond zich een haak, die met behulp van een 'lameroentje' (haakje dat in een buisje vrij kan ronddraaien) aan een door een tegenwicht belast koord bevestigd is. Het garen werd aan een der asjes bevestigd, dan over de aan het lameroentje bevestigde haak geslagen en daarna aan het andere asje vastgemaakt. Nadat het garen op lengte was afgesneden, draaide men het snel rond en sloeg zo de draad ineen. De stalen werden bijeengebonden in telkens tien bossen van elk duizend stalen.

Behalve in Vlaardingen, waar bij verschillende reders 's winters op de schuur stalen werden geslagen, geschiedde het overal uitsluitend als huisnijverheid, thuiswerk. Werkgevers waren begin deze eeuw de touwslagers in Moordrecht, Gouderak, Brielle, handelaars in en fabrikanten van kleingarens in Gouda en ook reders in Scheveningen en Vlaardingen. Normaal was een produktie van 200 stalen per uur. Het leverde omstreeks 1900 per duizend stalen 40 cent op in Gouda en Moordrecht, 60 tot 70 cent in Vlaardingen en 75 tot 80 cent in Brielle en Scheveningen.

Bokkinghangen

Een al oude methode om vis langer houdbaar te maken was roken. Vooral steurharing – ongekaakte, licht gezouten haring – kwam daarvoor in aanmerking evenals de Zuiderzeeharing. Volgens een rapport van de hoge Franse ambtenaar D'Alphonse uit het begin van de negentiende eeuw waren er in Nederland toen 111 rokerijen, hoofdzakelijk langs de Zuiderzeekust, de kust van Noord- en Zuid-Holland en aan de Maasmond. Gerookte haring, ook 'bokking' genoemd, werd toen veel geëxporteerd naar Frankrijk en Duitsland, tegenwoordig ook naar het Middellandse zeegebied, met name Griekenland en naar ontwikkelingslanden.

Zodra de steurharing uit de bomschuiten was gelost, bracht men de vangst dadelijk naar de rokerij of 'bokkinghang'. Daar ging de steurharing eerst zo'n anderhalf uur in de pekel. Vervolgens werd de haring 'gespeet': aan houten stokken of pennen geregen. Dit was vooral vrouwenwerk.

In Egmond gingen aan elke speet 14 haringen. De speten met haring hing men in de bokkinghang. Men stookte met 'mot', houtafval van

Het speeten van de steurharing (bokkinghang).

bijvoorbeeld de droge kuiperijen. Na anderhalf uur begon het eigenlijke rookproces. Dan ging men 'broeien' met verminderde zuurstof en bij een hitte van 80 tot 85 graden. Na nog eens anderhalf uur was het roken klaar en kon de bokking in kisten worden verpakt en verzonden naar de afnemers.

Visdrogerijen

In de Hollandse kustplaatsen vond men alom 'droogtuinen', waar men schollen en scharren droogde. Zandvoort, nu alleen bekend als badplaats, genoot vroeger faam vanwege de daar gedroogde scharretjes, die als 'Haarlemmer scharretjes' op de markt kwamen en zelfs in Duitsland aftrek vonden.

In de Franse tijd, omstreeks 1800, waren er 43 visdrogerijen in Holland, maar naarnaast bezaten ook talrijke dorpelingen eigen droogtuintjes. Gedroogde schollen en scharren waren een echt volksvoedsel. Waren de schollen en scharren uit de schuiten gelost, dan werden zij door snijsters van de ingewanden ontdaan. Goede snijsters bewerkten zo'n 500 stuks per dag. Vervolgens ging de vis 24 uur of wat langer, afhankelijk van de smaak van de consument, in de pekel. De juiste sterkte van de pekel was van groot belang voor de smaak. Na het pekelbad reeg men de schollen en scharren aan speten en hing die in de droogtuinen te drogen. Bij regen of te felle zonneschijn werden zij met rieten matten afgedekt, want het droogproces moest geleidelijk verlopen. Ook de wind speelde daarbij een rol. Bij te snelle droging werd de vis te hard. Een grote plaag voor de drogerijen waren loslopende honden. In Scheveningen verbood men in 1592 honden tijdens de droogtijd los te laten lopen op straffe van een geldboete van zes carolusguldens, een heel bedrag.

58

Hoofdstuk 7

DE VIS WORDT DUUR BETAALD

Het is bekend dat het beroep van zeevisser gevaarlijk is. De zeevissers zijn overgeleverd aan de grillige natuurelementen. Ook in de tegenwoordige tijd vergaan er, ondanks moderne navigatie- en communicatiemiddelen, nog steeds vissersschepen, zij het minder dan vroeger. Behalve de onberekenbare elementen van weer en water zijn in onze dagen de toegepaste vangtechnieken soms oorzaak van ongelukken met dodelijke afloop. De zware tol, die de mens van oudsher moet betalen voor de rijkdommen van de zee.

Vissersleed

Hoe gevaarlijk het vissersberoep was, moge enige cijfers illustreren. Tussen 1890 en 1940 'bleven' er minstens 250 Nederlandse vissersschepen op de noordzee en lieten zeker 2.000 Nederlandse vissers het leven bij rampen en ongelukken. Maar niet alleen de natuur, ook menselijke activiteiten waren daar debet aan. In de jaren 1917-1918, tijdens de Eerste Wereldoorlog, toen de duikbotenoorlog op zijn hevigst was, bleven 99 schepen en 540 vissers, hoofdzakelijk door mijnen en torpedering.

Alleen al aan dit droevige aspect van de zeevisserij zou een boek gewijd kunnen worden, maar hier wordt volstaan met de vermelding van enkele willekeurig gekozen voorvallen. Zij dienen als voorbeeld van een veelvoud aan rampen die het bedrijf van de zeevisserij vanaf het begin tot en met vandaag getekend hebben. Deze voorbeelden zijn beschreven in sobere bewoordingen, waarbij nauwelijks méér dan de feitelijke toedracht wordt verhaald. Dat is slechts een deel van het verhaal. Want er is méér. Veel meer. Dat is het leed voor de achterblijvenden. Dat leed laat zich niet objectief beschrijven, want het is gebonden aan personen. Dat leed is onbeschrijflijk en daarom wordt het hier verzwegen.

Storm: een kapot geslagen bomschuit.

De ramp van Moddergat

De grootste stormramp uit de laatste 100 jaar was die van 6 maart 1883. Op die vreselijke morgen vergingen er langs de kust van Holland en Friesland 37 vissersvaartuigen en verdronken er 121 vissers. Het zwaarst getroffen was het Friese Moddergat: 17 aken met 83 opvarenden vergingen. Van de 600 inwoners van het dorp werden er in één klap 200 brodeloos.

De storm duurde een vol etmaal, van maandagavond 5 maart tot dinsdagavond 6 maart. De weinige ooggetuigen op zee die het overleefden, vertelden later, dat zij de zee nog nooit zó hadden gezien. 'De golven stegen soms tot 60 voet; het water was troebel, ja modderig. Van de hevige wind hadden ze niet zo veel last als van het water. Wat de wind betrof, hadden ze wel kunnen zeilen. Maar de golven waren niet zo als bij gewone storm, egaal opkomend en afgaand, maar stonden bij wijlen zó schor en rechtstaand als een gevel'. Op vijftien vaam diepte, 28 meter, waren er al zogenaamde 'brekers'.

De meeste schepen zijn vergaan, toen zij het Friese Gat wilden binnenvluchten, want daar stond een vreselijke branding.

Een van de vissers, Gerben Basteleur, werd bij Schiermonnikoog gered en kon zijn relaas doen. Zijn vissersaak 'Nooit Gedacht' was op dinsdagmiddag half drie nog drijvend. Maar dat duurde niet lang. Een geweldige golf gooide de aak even later ondersteboven. Hij bevond zich op dat moment in de kajuit bij zijn oom. Die was al eerder van boord geslagen, maar ze hadden hem nog kunnen oppikken. Alle overige bemanningsleden waren bij het omslaan van het schip eraf gesleurd, drie man. Zijn oom overleed even later. Gerben liet hem in zee glijden. Zelf kon hij zijn hoofd nog juist boven water houden, hangend over een spantbalk. Twintig uur lang. Toen hoorden jongens van Schiermonnikoog, die op het omgeslagen schip waren geklommen, zijn kloppen en roepen. Snel haalden zij hulp en met bijlen hakte men een gat. Zo ontsnapte de visser Gerben Basteleur aan een zekere dood, een van de weinigen. Een monument op de zeedijk te Moddergat, in 1958 opgericht, herinnert hieraan.

Een Vlaardingse hoeker bleef

Begin december 1867 verging het Vlaardingse bunhoekerschip 'De Haringvisscherij' na een tot orkaankracht uitgegroeide storm. Bij deze ramp verloor één bemanningslid het leven en maakte de rest 40 vreselijke uren door voordat zij werden gered. Zoals veelal gebruikelijk gaf men ook hier een boekje uit met het relaas van de ramp om uit de opbrengst daarvan enigszins de nood van de nagelaten betrekkingen te kunnen lenigen.

De omgekomen stuurman Hugo de Hond, 27 jaar oud, liet een nog jonge vrouw achter met een zuigeling en een eenjarig kind. De storm stak 's maandagsmorgens 2 december op. Bij een eerste stortzee verdween de reddingboot en ging het vooronderhuisje, de enige beschutting boven het logies, tegen het dek, zodat het water binnenstroomde. Men moest onmiddellijk beginnen met lenspompen. De storm bereikte intussen orkaankracht. Een tweede enorme stortzee sloeg de bunluiken weg. Gelukkig kreeg men het water zo ver weggepompt, dat enkele bemanningsleden het logies weer konden bereiken om eten te zoeken. De overige bleven pompen en nog eens pompen om het schip drijvende te houden.

De derde stortzee kwam niet lang daarna. Een van de bemanningsleden werd op wonderbaarlijke wijze door het trapgat in de kajuit en met zijn halve lijf door de kajuitspoort geworpen. Stuurman Hugo de Hond werd van de pomp geslagen en kon niet tijdig houvast vinden. Hij sloeg met de stortzee overboord en verdween spoorloos in de golven. De jongens, twaalf tot veertien jaar, liepen beneden bij de kachel brandwonden op. De grote mast was afgebroken en hing aan het want gevaarlijk heen en weer te slingeren. Het kluifhout was van de steven verdwenen, het roer van de vingerlingen losgeraakt en sloeg het schip lek. Alle dekluiken waren weg. Men moest doorgaan met het dodelijk vermoeiende pompen.

Op dinsdagmorgen 3 december begon de wind af te nemen. Het lek kreeg men niet dicht. Vanwege de uitputting begon het pompen minder effectief te worden en steeg het water in het achterschip. Men begon de moed te verliezen. De volgende morgen zag men op verre afstand twee schepen, maar die bemerkten niets. Het was vreselijk nu sommige bemanningsleden bij het pompen bewusteloos neervielen. Eindelijk kwam een stoomschip in zicht. Het gaf weer hoop. Men liet de stakelvuren harder branden. Het vaartuig hield recht aan. Men had de hoeker gezien. Een sloep werd uitgezet. Het was het Engelse stoomschip 'Leipzig' uit Sunderland, kapitein William Porritt. In drie keer werd de uitgeputte bemanning overgeroeid. Nauwelijks waren de laatsten aan boord of 'De Haringvisscherij' verdween in de diepte. Op 9 december 1867 kwamen de geredden te Vlaardingen aan.

Jacob Bree van Middelharnis

Schipper Jacob Bree van Middelharnis was een bekend schipper in het begin van de vorige eeuw. Omstreeks 1820 verloor hij al zijn volk, behalve één jongen, toen de schoot van het grote zeil brak. Wat er precies gebeurd is, bleef onbekend. Hij wist zijn schuit nog te Nieuwediep bij Den Helder binnen te brengen.

In 1826 verging zijn schuit echter met man en muis. Hij was toen aan het vissen met de plomp op 'het Zand', 60 mijl van de Engelse kust. Tijdens een zware storm uit het oosten moet een enorme stortzee de mast hebben weggerukt en de ankerkabel hebben gebroken; zo is de lezing in een boekje dat naar aanleiding van deze ramp werd uitgegeven ten voordele van de nagelaten betrekkingen. Het schip was toen reddeloos verloren, want de weinig diepgaande schuit dreef toen snel naar de Engelse kust, waar het tegen de rotsen te pletter sloeg. In het boekje staat een gedicht over Jacob Bree, waaruit wij een gedeelte citeren:

> Maar wie was toch die Bree?
> Zal wellicht iemand vragen.
> Dan 't antwoord is gereed:
> Een voorbeeld onzer dagen!
> Een man, in zijnen stand
> Verstandig en verlicht,
> Wiens Godsvrucht, eer en deugd
> Blonk op het aangezicht;
> Wiens toeleg 't altijd was,
> Het twisten te vermijden,
> Doch tevens ijvrig om
> 't Vooroordeel te bestrijden;
> Van hier dat, als hij kon,
> Hij steeds als lid verscheen
> In ons departement
> Tot Nut van Algemeen.
> Men zoeke, doch vergeefs
> Naar schoner idealen,
> Om een tevreden hart
> Een Christen af te malen,
> Een Christen in zijn huis,
> Een Christen op de zee,
> Een Christen in den storm,
> Een Christen op de ree,
> Een Christen overal,
> En waar hij werd gezonden,
> Het zij bij Vorst en Staat*,
> Daar werd hij ook gevonden.
> Of gold het zijn beroep,
> En koos de vischvloot zee,

De nijv're Jacob Bree,
Zeild' altoos met haar mee.
Dan vaak moest deze man,
Met storm en golven kampen,
En troffen hem op zee,
Een aantal zware rampen.
Doch door zijn kunde en moed,
Zelfs in den grootsten nood,
Behield hij steeds zijn schip,
En hij ontkwam den dood!

* Hij maakte deel uit van een vissersdeputatie naar Koning Willem I.

Een oorlogsramp voor Marken

Op 27 oktober 1914 liep de Vlaardingse motorlogger VL 40 'Maria Christina' op een mijn en verging met man en muis. De bemanning bestond uit zestien leden, waaronder vier jongens van 14 en 15 jaar oud. Van de volwassen vissers waren er negen afkomstig van Marken. In de nabijheid van de VL 40 waren de Katwijkse zeillogger KW 152 'Agatha' en de IJmuidense treiler IJM 155 'Otono'. De schipper van de KW 152 zag op de VL 40 een jongen met een theeketel over het dek naar achteren gaan, waaruit hij begreep, dat het volk benedendeks was, de twee wachten waarschijnlijk uitgezonderd. Men was slechts 150 meter van elkaar verwijderd. Plotseling hoorde men op de KW 152 een geweldige ontploffing. Een kolom van water en rook verhief zich boven de 'Maria Christina'. Toen de rook weg was, zag men hoe het voorschip van de VL 40 naar beneden ging en snel het gehele schip onder water verdween. Het gebeurde in enige minuten. Er waren geen drenkelingen te zien. Deze ramp was aanleiding in Marken een vissersfonds op te richten om de nagelaten betrekkingen in hun nood te verlichten.

Vlaardingse 'fietsen' getorpedeerd

Op 7 mei 1917 voeren twee stoomloggers of 'fietsen', zoals zij in de volksmond genoemd werden, van de Doggermaatschappij te

64

Vlaardingen op de Noordzee op ongeveer twee mijl van elkaar. Het waren de VL 195 'Prins Hendrik der Nederlanden', schipper Adrianus van der Ent, en de VL 199 'Martha Maria', schipper Hendrik van Hoogteijlingen. Om half vijf 's morgens hoorde men op de VL 195 schoten en zag een duikboot. Onmiddellijk werd het schip stilgelegd en ging men in de twee boten. De duikboot bleef schieten op de stoomlogger.

Schipper Van der Ent roeide naar de duikboot en liet de Duitse commandant de scheepspapieren zien. Hij keek er niet eens in. Op de vraag of men uit Engeland kwam, antwoordde Van der Ent ontkennend. Men was van de visserij op terugweg naar Vlaardingen. Toch stapte een officier met twee matrozen, voorzien van bommen, in de boot en roeide naar de VL 195. Zij plaatsten de bommen in het schip en namen enige vaten victualiën mee. Om zes uur ontploften de bommen en verdween de 'Prins Hendrik der Nederlanden' in de golven.

Precies hetzelfde herhaalde zich even later met de VL 199. Schipper Van Hoogteijlingen had nog geprotesteerd. Hij had in het bijzijn van een officier gelood: 14 vadem, wat overeenkwam met het bestek. Het mocht niet baten. Toen de 'Martha Maria' ontplofte, hief de Duitse bemanning van de duikboot een 'hoera' aan.

De duikboot voer na deze moedwillige vernietiging door naar de in de buurt zijnde Maassluisse zeillogger MA 20 'Hoop op Zegen'. Hier liet de Duitse commandant zich vermurwen door de schipper. Hij gaf bevel aan de schipper de bemanningen van de VL 195 en VL 199, die in de roeiboten rondvoeren, op te pikken. De MA 20 vond hen na een half uur. Daarop zette men koers naar Vlaardingen, waar men 's middags om 3 uur aankwam.

Zeeuwse hoogaarsen vergingen

Op 18 juli 1924 trof een plotseling opstekende storm de vissersvloot van Arnemuiden en Vlissingen. Om 4 uur 's nachts, met het vallen van het water, was men uitgevaren en had koers gezet naar de visgronden ter hoogte van Westkappelle en Zoutelande.

Deze vloot telde zo'n vijftig vaartuigen, meest hoogaarsen. De meeste hoogaarsen voerden het spriettuig. Bij harde wind was de

Een spriettuig-hoogaars uit Vlissingen (VLI 37).

hoge spriet met zijn grote topgewicht niet ongevaarlijk. Het viel dan niet mee het sprietzeil te strijken. Om 7 uur begon het hard te waaien. In korte tijd wakkerde de wind aan tot stormkracht. Door de hevige regenbuien werden de zeilen zó nat, dat de schepen moeilijk te sturen waren. De garnalennetten moesten gekapt worden. In deze omstandigheden was het onmogelijk elkaar hulp te bieden. Toen de storm was gaan liggen bleken vier schepen met 15 opvarenden vermist te worden: twee van Arnemuiden en twee van Vlissingen. Op 8 augustus bezocht Koningin Wilhelmina de zwaar getroffen gezinnen van de omgekomen vissers te Vlissingen en Arnemuiden. Deze ramp was aanleiding het spriettuig op de kleine hoogaarsen te vervangen door gaffeltuig.

De stormramp van 10 oktober 1926

In de nacht van 9 op 10 oktober 1926 woedde er op de Noordzee een zware vliegende storm met hoge door elkaar lopende zeeën. In die nacht en vroege zondagmorgen vergingen er drie schepen van Vlaardingen en een van Katwijk: de stoomlogger VL 46 'Copernicus', de zeilloggers VL 213 'Theodoor' en VL 25 'IJssel VI' en de KW 152 'Agatha Maria'. Talrijke andere vissersschepen geraakten die morgen in moeilijkheden en liepen grote schade op. Met de vergane Vlaardingse loggers bleven 37 vissers, waarvan er veertien afkomstig waren van Scheveningen en zeven van Marken.

Van de VL 46 'Copernicus' konden slechts twee jongens en een matroos gered worden door de VL 47 'Columbus', een zusterschip dat in de buurt voer. Vanaf dit schip zag men, hoe de VL 46 plotseling en zeer snel water maakte. De bemanning had zelfs geen tijd meer om zwemvesten aan te doen. Men zag er sommigen jonen en breels grijpen en overboord springen, maar zij werden met het schip meegezogen. Waarschijnlijk zijn door een grondzee de luiken ingeslagen en is het schip snel vol water gelopen. Het schip lag ook diep, want het had een grote vangst haring aan boord.

Van de VL 213 werd alleen de schipper gered, zwaar gewond. Bij een stortzee was hij overboord geslagen, waarbij hij zijn dijbeen had gebroken. Hij kon zich vastgrijpen aan een houten bak die in het water dreef. Na tien minuten slaagde de bemanning er in hem weer aan boord te hijsen. Om vijf uur 's morgens begon het schip echter steeds meer water te maken. De bemanning klom in het want en vergat in de radeloosheid de schipper, die in het logies lag. Hij wist echter zijn zwaargewonde lichaam negen treden omhoog, naar dek, te slepen. 'Ik heb het kapotte stuk van mijn been weggedrukt en met allebei mijn handen zette ik de stomp telkens op de trap'. Het dek stond al onder water. Met zijn achterste ging hij op de verschansing zitten en liet zich achterover in het water zakken. Hij kon zich aan een houten pomp drijvende houden. Ook andere bemanningsleden waren te water. Om half zes zonk de VL 213 'Theodoor'.

Schipper Van der Toorn zag verschillende van zijn mannen verdrinken. Hoewel zelf zwaar gewond, wist hij de oudste matroos mee drijvend te houden door diens hand tussen zijn broekriem te steken. Om half tien werden zij tweeën eindelijk opgepikt door de Duitse stoomtreiler 'Grimm'. Op weg naar de wal overleed echter de oudste matroos. Schipper Van der Toorn verbleef negentien weken in een Engels ziekenhuis. Van de VL 25 is niets bekend. Op zee vond men alleen breels en lastplanken van dit schip. De gehele bemanning, twaalf in getal, bestond uit Scheveningers.

Een Scheveningse treiler gebleven

Ook vlak na de Tweede Wereldoorlog gingen vissersschepen verloren door mijnen. Zo ontdekte de VL 68 'Pax' op zaterdagmorgen 19 oktober 1945 ter hoogte van Zandvoort een schoorsteen die boven water uitstak. Men herkende die. Hij was van de Scheveningse stoomtreiler SCH 161 'Arie van der Zwan'.
Het schip moet op een drijvende mijn gelopen zijn. De bemanning bestond uit negen leden, zeven Scheveningers en twee Vlaardingers. Schipper was W. F. Rog, die juist voor de eerste reis aan boord was.

Een Bruinisser kotter overvaren?

Behalve stormrampen en mijnen hebben ook aanvaringen en overvaringen vissers het leven gekost. Zo werd op 15 januari 1971 bericht ontvangen, dat de BR 16 'André' was vermist. De boomkorkotter was voor het laatst gezien op 12 januari omstreeks 3 uur in de morgen. Het schip voer toen een noordoostelijke koers nabij een concentratie van vissende kotters.
Tussen 3.00 en 3.25 uur werd door verschillende vissersschepen een

Een boomkorkotter vergaan.

schip, vermoedelijk een tamelijk grote tanker, gezien. Dit tank-
schip zou met koersen tussen ongeveer westzuidwest en zuidzuid-
west door de concentratie heen zijn gevaren en daarbij geen hoge
vaart hebben gelopen. Het voerde geen andere verlichting dan enige
navigatielichten, die volgens getuigen niet helder schenen. Van de
BR 16 is daarna niets meer vernomen. Het stoffelijk overschot van de
schipper vond men op 11 maart 1971 op het strand van Terschelling. Duikers van de marine stelden in april een onderzoek in naar
het wrak. Het leverde aanwijzingen op, dat de kotter was over-
varen. De kotter telde vier bemanningsleden.

Hoofdstuk 8

BESOMMINGEN EN BESLOMMERINGEN

De zeevisserij is een wisselvallig bedrijf, zoals wij hiervoor al gezien hebben. De risico's werden dan ook over de bedrijfsgenoten verdeeld. Ieder ontving een bepaald percentage van de opbrengst van de vis, de besomming, overeenkomstig zijn inbreng in schip en vistuig. Deze vorm van maatschap komt nog steeds voor, met name in de Nederlandse kottervisserij. Toen de grotere kielschepen als haringbuis en vishoeker in bedrijf kwamen, werden schip en vistuig door de rederij ingebracht en ontvingen de bemanningsleden alleen een aandeel in de besomming voor de door hen ingebrachte arbeid.

Grote en kleine vangsten, hoge en lage prijzen beïnvloedden dus rechtstreeks het inkomen van de vissers. Een groot deel van onze Noordzeevissers leefden dikwijls op de rand van het bestaansminimum. Ook nu nog worden hun inkomsten ten dele bepaald door de besomming, met name in de kottervisserij, maar dank zij minimumlonen, garantieprijzen op de visafslag en moderne sociale voorzieningen genieten zij tegenwoordig een redelijk inkomen.

De lijntjes

Bij de beugvisserij was het gebruikelijk de netto-besomming te verdelen in een aantal porties of 'lijntjes'. Eind achttiende eeuw ontving de reder 42 lijntjes van de 164. De rest, 122 lijntjes, was voor de bemanning: 15 voor de schipper, 12 voor elk der matrozen en 23 voor de jongeren samen, naargelang hun rang.

In 1891 ontving de bemanning van een Vlaardingse beugsloep $27^{17}/_{24}$ % van de netto-besomming. Hun aandeel werd verdeeld in 133 lijntjes. Twaalf lijntjes was gelijk aan 2½ %. De schipper ontving er 24, de stuurmansmaat en de zes matrozen elk 12, de oude-

Storm: angstig wachten op het duin.

jongen 10, de omtoor 7, de inbakker en de speeljongen 4. Daarnaast had de bemanning nog recht op een aandeel in de 'voering', wat neerkwam op 1⅞ ton vis of de opbrengst daarvan en voor elk nog een zoodje vis. Het aandeel in de besomming kwam in 1891 voor een matroos op zo'n f 8,— per week. In Pernis, Zwartewaal en Middelharnis bestonden soortgelijke loonregelingen. De afwijkingen hielden verband met bepaalde kosten die de bemanning voor eigen rekening nam.

Bij de Vlaardingse haringdrijfnetvisserij bestond het aandeel in de besomming voor de bemanning in 1891 uit 27⅝ %: de schipper kreeg 4 %, de acht matrozen 2 %, de twee oudste jongens 1½ %, de jongste 1⅛ % en de afhouder ½ %. Ook hier kwam het aandeel in de besomming voor een matroos neer op f 8,— per week, tenminste als er behoorlijk gevist kon worden en de prijzen normaal waren. Maar daarin school juist het wisselvallige. Een bepaald gedeelte van het loon, 1 %, stortte men in de kas van het Visscherweduwen- en wezenfonds.

Vissersweduwen- en wezenfondsen

De vissersfondsen die omstreeks 1900 bestonden, zijn in de negentiende eeuw opgericht. Ook in vroeger tijd, zeventiende en achttiende eeuw, zijn er fondsen geweest, maar die hadden vooral ten doel een uitkering te geven aan familieleden van vissers die door kapers gevangen waren genomen, of om het losgeld te kunnen betalen, waarmee hun vrijheid moest worden afgekocht.

Bij rampen handelde men aanvankelijk naar de toestand van het ogenblik. Was er een ramp gebeurd, dan deed men een beroep op de liefdadigheid van de bevolking ter plaatse en in de omgeving. Bij grote rampen hield men zelfs bedeltochten en collecten in hele provincies. Zo bijvoorbeeld in 1855, toen het toch al arme vissersdorp Zwartewaal door een groot ongeluk werd getroffen: 15 vissers bleven bij het vergaan van de vishoeker 'Zee-, Vee- en Landbouw'. De omgekomenen lieten vier weduwen en 23 kinderen achter, terwijl vier van hen zonen waren van weduwen die al eerder hun man verloren hadden. Men schreef 159 gemeenten aan voor een collecte, van Brielle tot Leerdam en van Middelburg tot Noordwijk. De bedel-

Vissersmonument te Vlaardingen ter nagedachtenis van de vissers die zijn gebleven.

tocht bracht *f* 3.731,09 op.

Dergelijke provinciale collecten hadden weinig succes, wanneer een stormramp in vele vissersplaatsen tegelijkertijd had toegeslagen. Zo brak het besef door, dat men van tevoren reserves moest kweken door een vaste bijdrage van de vissers zelf en van de reders. Uit die reserves zouden dan de nagelaten betrekkingen permanent of gedurende lange tijd een uitkering kunnen ontvangen.

Vlaardingse fondsen

Een van de oudste fondsen was het Vlaardingse 'Zeemansfonds' uit 1839. Het keerde in 1900 nog aan één oude zeeman en aan zes

73

weduwen van oud-zeelieden totaal ƒ 243,75 uit. Sedert 1893 ontving het geen bijdragen meer. De administratiekosten van ƒ 100,— per jaar waren bijzonder hoog vergeleken met andere fondsen.

Het Vlaardingse 'Visschersweduwen- en weezenfonds' van 1877 daarentegen was een zeer kapitaalkrachtig fonds. Het kapitaal bedroeg eind 1900 ƒ 89.648,—. Het ontving in dat jaar ƒ 10.994,— aan giften en bijdragen, waarvan ƒ 5.080,— van de vissers en ƒ 945,— van de reders; de rest bestond uit giften van derden.

Het keerde ruim ƒ 7.000,— uit aan 41 weduwen, 2 moeders, 27 wezen en 78 oude zeelieden.

De wekelijkse uitkeringen bedroegen:

	1e tweetal jaren	2e tweetal jaren	3e tweetal jaren	4e tweetal jaren
schippersweduwen	ƒ 3,—	ƒ 2,25	ƒ 1,50	ƒ 1,—
andere weduwen	ƒ 2,—	ƒ 1,50	ƒ 1,—	ƒ 0,50
wezen	ƒ 1,—	ƒ 0,75	ƒ 0,50	ƒ 0,25
oude zeelieden	ƒ 1,—	ƒ 0,75	ƒ 0,50	ƒ 0,25

Fondsen te Maassluis, Scheveningen, Katwijk

Het Fonds van Liefdadigheid 'De Vereeniging' te Maassluis, opgericht in 1849, keerde in 1900 bijna ƒ 5.000,— uit. Het Scheveningse fonds had een lange naam: 'Vereeniging tot voortdurende ondersteuning der nagelaten betrekkingen van verongelukte Scheveningsche visschers'. Het onderhield in 1900 104 weduwen en 79 wezen, totaalbedrag ƒ 8.700,—.

Een soortgelijk fonds bestond er te Katwijk. Het keerde ƒ 2.883,— uit aan 31 weduwen en 22 kinderen, waaronder de nagelaten betrekkingen van enige Volendamse vissers, die op een Katwijkse bomschuit gebleven waren.

Daarnaast kende Katwijk nog een fonds voor behoeftige en bejaarde vissers en hun nagelaten betrekkingen, opgericht 1839. Dat fonds keerde in 1900 ƒ 1.476,— uit aan 64 weduwen en gebrekkigen.

De grote stormramp van 1883 was aanleiding voor het oprichten van vissersfondsen te Paesens-Moddergat en te Wierum. Het eerstgenoemde fonds verkreeg het kapitaal door een grote landelijke actie. In 1900 onderhield het 45 gezinshoofden en 87 kinderen beneden de 20 jaar voor een bedrag van *f* 3.682,—. Het fonds te Wierum keerde toen aan 12 weduwen, 18 wezen en 3 oud-vissers *f* 1.216,— uit.

Ook in de vissersdorpen van 't Overmaas, Middelharnis, Zwartewaal en Pernis, zijn na 1850 vissersfondsen tot stand gekomen. Zij ondersteunden respectievelijk 21 weduwen en oud-vissers met *f* 1.883,—, 61 weduwen, wezen en oud-vissers met *f* 1.600,— en 61 weduwen, wezen en oud-vissers met *f* 2.017,—.

Totaalbeeld: eind 1900 waren er zo'n 800 weduwen en wezen van Noordzeevissers, die van de vissersfondsen gemiddeld één gulden per week uitkering ontvingen.

De zee-ongevallenwet van 1919

Vissersfondsen bleven noodzakelijk zolang er geen wettelijk recht voor de vissers en hun nagelaten betrekkingen bestond op een uitkering ingeval zij wegens bedrijfsongevallen niet konden werken of zelf het leven lieten. In dat opzicht zijn zij vele jaren achtergesteld bij de werknemers in andere bedrijfstakken, voor wie in 1901 de Ongevallenwet tot stand kwam. De Zeemansvereeniging 'Volharding' had reeds in 1910 gepleit voor een ongevallenwet voor zeelieden. Sedertdien werd zo'n wetsontwerp in bijna elke Troonrede aangekondigd, maar het kwam niet tot indiening.

Enig soelaas bracht de Oorlogs-ongevallenwet van 1915, een noodwet als gevolg van de vele ongevallen op zee tijdens de eerste jaren van de Eerste Wereldoorlog. In het kader van deze wet werden echter slechts uitkeringen toegekend voor ongevallen die in verband stonden met de oorlog. Die eindigde in 1918, zodat de vissers verstoken waren van elke verzekering tegen de gevolgen van bedrijfsongevallen. Krachtige en eensgezinde samenwerking van alle zeeliedenorganisaties was nodig om minister Aalberse er toe te brengen in 1919 een noodwet op de Oorlogs-ongevallenwet 1915 te ontwer-

pen, die de zeelieden, waaronder de vissers en hun nagelaten betrekkingen, enige bescherming en inkomen garandeerde.

Bij blijvende of tijdelijke arbeidsongeschiktheid wegens bedrijfsongevallen kreeg de visser 70 % van zijn dagloon, bij gedeeltelijke arbeidsongeschiktheid een overeenkomstig percentage daarvan. Het
betekende bijvoorbeeld, dat een schipper, die ƒ 8,— per dag verdiende, ƒ 5,60 per dag uitgekeerd zou krijgen bij algehele arbeidsongeschiktheid, en een matroos, die toen ƒ 6,15 per dag verdiende,
ƒ 4,20. Een weduwe ontving 30 % van het laatst genoten dagloon,
elke wees 15 % tot zijn 16e jaar.

Staking in 1938

De verbetering van de sociale omstandigheden van de zeevissers is
later op gang gekomen dan in andere bedrijfstakken. Tot aan de
Tweede Wereldoorlog heersten er zeer patriarchale verhoudingen in
de zeevisserij. Het houdt misschien verband met de late ontwikkeling van kleinbedrijf naar grootbedrijf, die omstreeks 1920 nog
nauwelijks op gang was gekomen. De meeste rederijen waren een-
mansbedrijfjes met een of twee schepen. Ook van de kant van de
zeevissers was de lust zich te organiseren in vakbonden nog niet
erg groot en hun bonden waren omstreeks 1920 nog niet zo krachtig.
De zeevissers waren toen georganiseerd in drie bonden: de Centrale
Bond van Transportarbeiders, de Nederlandsche Bond van Christelijke Fabrieks- en Transportarbeiders en de Nederlandsche R.K. Bond
van Transportarbeiders 'St. Bonifacius'. In 1938 kwam het tot een
zeer felle staking in het haringbedrijf. De bonden en de reders konden het niet eens worden over een nieuw looncontract. Het groeide
uit tot een conflict, nog verscherpt doordat de bond van christelijke
signatuur op het laatste moment geen staking aandurfde, hoewel
zij tijdens de onderhandelingen op hetzelfde standpunt stond als de
twee overige bonden.

De staking duurde van 4 mei tot 11 juli. De gehele haringvisserij lag
plat, met uitzondering van enige rederijen te Katwijk. In Vlaardingen, Scheveningen en IJmuiden voer geen enkel haringschip uit.
Het conflict ging vooral om de eis van de zeevissers meer vrije tijd
te mogen hebben na aankomst van een schip in de haven en met

name meer aaneengesloten vrije tijd. In Scheveningen en Katwijk wilde men 36 uur aaneengesloten vrije tijd, in Vlaardingen minstens 36 uur vrije tijd, zij het niet aaneengesloten, omdat daar de gewoonte bestond, dat de bemanning het schip zelf loste en laadde in de voormiddag na aankomst. Het lossen en laden van een haringschip vereiste zo'n acht uur zware arbeid. Men wilde te Vlaardingen minstens zes uur aaneengesloten vrije tijd na zo'n zware werktijd.

De reders kwamen aanvankelijk geheel niet en wat later onvoldoende aan deze eisen tegemoet en probeerden op eigen gelegenheid vissers voor de vloot aan te werven. Normaal zorgden de schippers daarvoor. Hun poging slaagde niet, uitgezonderd te Katwijk. Het gelukte tenslotte aan een vertegenwoordiger van de overheid de partijen tot elkaar te brengen. Op 8 juli willigden de reders de eis van de zeevissers in om onmiddellijk na aankomst van het schip in de haven een vrije tijd van zes aaneengesloten uren te krijgen, bepaalde uitzonderingen daargelaten. Verder bereikte men, dat niet meer werd uitgevaren vóór zes uur 's morgens en na tien uur 's avonds. Vroeger mochten de reders een vissersvaartuig op elk gewenst moment laten uitvaren. Ook kregen de vissers voortaan ƒ 3,— per dag voor het 'afsnijden', het onttakelen van het schip na de teelt; vroeger niets.

Hoofdstuk 9

AAN BOORD

Een vissersschip is een bedrijfsvaartuig, waarin men dikwijls lange tijd achtereen met velen in een kleine ruimte moet leven, wonen, eten en werken. Elke centimeter ruimte dient benut te worden voor proviand, brandstof, vistuig en niet in de laatste plaats voor de vangst. Het zal niemand verwonderen, dat zo'n 70 jaar geleden van comfort op een vissersschip geen sprake was. Dank zij een onderzoekscommissie uit 1910 en 1950 weten wij het een en ander over het leven aan boord. In die 40 jaar is er heel wat verbeterd. De moderne treilers en kotters kunnen de vergelijking met de werkomstandigheden aan de wal heel wel doorstaan.

In het logies

Omstreeks 1910 sliepen op de zeevisserijschepen de schipper, de stuurman en, op de stoomschepen, de machinist en stoker in het achterlogies, door het scheepsvolk 'het vette endje' genoemd; de rest van de bemanning verbleef in het voorlogies. Bij slapen bleef het niet: men at daar ook, droogde er zijn natte kleren en op de zeilvaartuigen had ook de kok er zijn domein. Ruimte te over was er dus niet in het volkslogies, waar zo'n tien tot elf man moesten huizen. Het vloeroppervlak in het voorlogies of 'vrondel', buiten de kooien, was bij de stalen vissersvaartuigen 61 à 99 vierkante decimeter per man, bij de houten zeilvaartuigen, uitgezonderd de bomschuiten, 55 à 73. De bomschuiten boden meer bewegingsvrijheid: 72 à 75 vierkante decimeter per man.

Te kooi

Op de meeste vissersschepen waren omstreeks 1910 al wel vol-

doende kooien voor alle bemanningsleden aanwezig. Vroeger was dat anders. Toen moest een van de jongens bij een volwassen matroos in de kooi kruipen, omdat er te weinig slaapplaatsen waren. De breedte van de kooien was in het algemeen 'groter dan noodig': zelden minder dan 60 centimeter en veelal meer dan een meter. Op de bomschuiten had men als regel dubbele kooien van 1,20 meter. Daarin sliepen dan twee of drie vissers, vader en zoon of broers. Dubbele kooien waren in Duitsland verboden uit zedelijkheidsoverwegingen. In dit opzicht achtte de onderzoekcommissie van 1910 een verbod hier te lande niet nodig: 'In dit opzicht schijnt de moraliteit van onze visschers verblijdend hoog'. Uit hygiënisch oogpunt vond men ze afkeurenswaardig. Maar al te dikwijls bleken de vissers niet vrij van ongedierte of te lijden aan huidziekten opgedaan van een slaapgenoot en infecteerden thuis het hele gezin.

Met de lengte van de kooien was het niet zo prettig gesteld. Langer dan 1,90 meter waren ze bijna nooit. Regel was 1,70 à 1,80 meter en op de zeilschepen soms zelfs maar 1,40 meter. Daar sliepen dan de jongens, maar zij moesten wel heel klein zijn om daarin de benen te kunnen strekken. Opmerkelijk was dat de vissers hun kooi, uit-

79

gezonderd op de bomschuiten, met schuifdeurtjes konden sluiten, zoals de bedstee thuis. Zij gebruikten hun slaapplaatsen ook als bergruimte. Ook wanneer zij overdag in de kooi sliepen, sloten zij de deurtjes, want de kok stond immers in het logies te koken. Die had nogal eens de gewoonte zijn kooi tevens als provisiekast te gebruiken, wat de hygiëne niet ten goede kwam.

Omstreeks 1950 behoorden dubbele kooien tot het verleden. Volgens de voorschriften moest toen een kooi tenminste 68 cm breed zijn en 190 cm lang. Dat laatste was toen nog lang niet op alle vissersschepen het geval, bij gebrek aan voldoende logiesruimte. De opvarenden zorgden in 1950 nog voor hun eigen beddegoed.

Frisse neus

Met de ventilatie op de vissersschepen was het vóór twintig jaar niet best gesteld. Het lag ten dele ook aan de vissers zelf. Na uren werken in weer en wind op het open dek wilden zij het in het logies 'goed warm' hebben en geen tocht. Waren er, behalve de toegang tot het vooronder, al ventilatiemiddelen aanwezig, zoals zwanehalzen, paddestoelen of luchtkokers, dan waren die veelal vastgeroest of door de bemanning dichtgestopt: dat tochtte maar of er zouden ratten door de luchtkokers komen.

Het was ook niet gemakkelijk ventilatie-openingen aan te brengen. Bij ruw weer had men al gauw last van overkomend water en dat zou bij slecht sluitende koekoeks, luikjes en kleppen het logies binnenkomen. Al met al moet het een benauwde atmosfeer gegeven hebben in het vooronder, wanneer bij slecht weer alles potdicht zat, de kok zijn braadje klaarmaakte en natte kleding hing te drogen.

Het private tonnetje

Een privaat of w.c. op een vissersschip was in 1910 een overbodige luxe en zelfs in 1950 zou men er op vele schepen vergeefs naar zoeken. De vissers gaven voorkeur aan het tonnetje, dat na gebruik in het zilte nat werd schoon gespoeld. Bij de stoomschepen was het machinekamerpersoneel bevoorrecht in deze: de grote kolenschep gaf hier het nodige comfort en het vuur deed de rest.

Zindelijkheid was niet de grootste deugd van de vissers op de schepen. De onderzoekscommissie uit 1910 maakte zich geen illusies dat daarin veel verbetering te brengen zou zijn. Dat zou misschien via een omweg kunnen door voorlichting op de visserijscholen. Voor het wassen aan boord maakte men gebruik van balies, de helften van door midden gezaagde haringvaten.

Met name de bemanningen van de haringloggers, afkomstig uit de vissersplaatsen zelf, hadden de gewoonte zich zaterdagsavonds of zaterdagsnachts, naargelang men wacht had, te wassen en van schone kleren te voorzien. Dat deden zij thuis ook. Bij 'vreemde' vissers, veelal 'uit de heffe van het volk uit de groote steden', was dat niet steeds het geval. 'Toch wordt dikwijls ook door dezen, die meestal minder streng op Zondagsheiliging letten, de Zondagmorgen gebezigd om te wasschen en te plasschen'. Gewoonlijk kreeg elk bemanningslid eenmaal per week warm water toegewezen om zijn kleren te wassen.

Het menu op een logger

Over eten aan boord hebben de vissers meestal niet te klagen gehad. Het was naar onze begrippen wel zware kost. Bij de loggers uit Vlaardingen, Maassluis, Scheveningen en Katwijk zorgde de rederij voor de voedselverstrekking, waarbij de schipper wel wat inspraak kreeg. In het begin van deze eeuw zag het menu op de loggers er als volgt uit:

Zondag: 's morgens 7 uur koffie met brood; 11 uur koffie, daarna oorlam; 12 uur middageten, bestaande uit zakkoek, in Vlaardingen 'potting' genoemd (gemaakt uit een halve kilo rozijnen en meel), en aardappelen met spek; 's middags om 3 à 4 uur thee en om 7 à 8 uur gebakken vis met rijst.

Maandag: 's nachts om 1 uur koffie, maar niet bij alle rederijen; daarna begint het inhalen van de vleet, die 's zondagsmiddags is uitgezet of 'geschoten'; na het inhalen van de vleet, wat drie tot vier uur duurt, krijgt men koffie en brood, waarna de gevangen haring wordt gekaakt en in de tonnen gedaan.

De werkzaamheden zijn alle dagen hetzelfde. Koffie, thee en rijst

81

met gebakken vis wordt dagelijks verstrekt, alleen het middageten wisselt en bestaat uit bruine bonen met vet op maandag, erwtensoep met spek op dinsdag, aardappelen met gebakken vis op woensdag, erwtensoep met spek op donderdag, bruine bonen of capucijners met vet op vrijdag en aardappelen met gebakken vis op zaterdag. Bij de rijst en soms bij de pudding krijgen de vissers stroop. Groenten en brood zijn er alleen gedurende de eerste dagen van de reis. Volgens de victualielijst voor een Vlaardingse logger uit 1910 verbruikte men de volgende hoeveelheden voedsel en drank gedurende de gehele teelt van 147 dagen, bij een bemanning van veertien koppen:

groene erwten	3¼ hl	azijn	35 liter
bruine bonen	3¼ hl	melk	12 kg in busjes
aardappelen	9 hl	tarwebrood	120 stuks
gort	2 hl	verse groenten	voor f 14,—
hard brood (kaak)	600 kg	wijn	12 flessen
meel en bloem	70 kg	witte wijn	1 fles
rijst	300 kg	beschuit	3 tonnen
mengboter	120 kg	bier	17 tonnen
ham	15 kg	jenever	65 liter
gezouten vlees	90 kg	brandewijn	10 liter
gerookt spek	145 kg	bessensap	2 flessen
reuzel	12 kg	slaolie	1 fles
Goudse en Leidse kaas	68 kg	sigaren	200 stuks
koffiebonen	23 kg	mosterd	2 busjes
koffiestroop	5 kg	peper	2 kg
thee	7,5 kg	elixer	1½ fles
suiker	14 kg	karnemelk	f 7,—
raapolie	40 l	diversen (koekjes)	f 5,—
stroop	119 kg		

Het menu op een treiler

Op de IJmuider treilers en ook op de kustvissersvaartuigen zorgde de bemanning, dat wil zeggen voor hen de schipper, voor de inkoop van het voedsel en de drank. De hoogte van de gages was daarop afgestemd. Het dagmenu op een IJmuider treiler zag er omstreeks 1910 als volgt uit:

's Morgens tussen 7 uur en 7.30 uur koffie, vers brood, zo lang de voorraad strekt, anders scheepsbeschuit, boter, kaas of versnaperingen door de vissers zelf ingeslagen. 's Middags om 12 uur het middagmaal, bestaande uit:

– erwtensoep met spek of
– aardappelen, vlees en groenten of
– aardappelen, vis en botersaus of
– grauwe erwten met gebakken spek of
– bruine bonensoep met spek en aardappelen of
– aardappelen met groenten en spekvet of
– bruine bonen met gebakken spek of
– zakkoek met rozijnen en gekookte vis.

Alles was zo geregeld, dat per reis van gemiddeld acht dagen twee- of driemaal rundvlees met verse groente of busgroente werd verstrekt. Bij de treilers nam elk bemanningslid nog voor eigen rekening mee: vijf à zes wittebroden, een à twee roggebroden, cake, koek, eieren, wat boter, een stuk kaas of rookvlees, melk, suiker en soms vruchten. Per reis van acht à tien dagen nam een IJmuider treiler met een bemanning van tien koppen de volgende hoeveelheden mee:

groene erwten	10 liter
bruine bonen	8 liter
capucijners	8 liter
rijst	5 kg
gort	5 kg
aardappelen	1 hl
rundvlees	3 à 4 kg
gezouten spek	5 à 6 kg
rookspek	2½ à 3 kg
boter (margarine)	2 à 2½ kg
verse groenten	voor 2 à 3 maal
bloem voor zakkoek	naar behoefte
raapolie	4 à 5 liter
rozijnen en krenten	naar behoefte
uien	1 à 2 liter

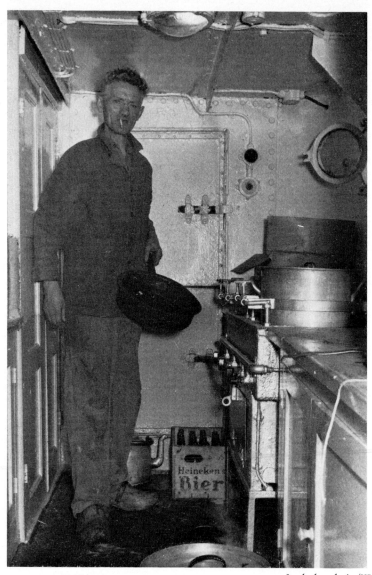

In de kombuis (VL 216).

Een IJmuider visser op de treilers kostte in 1910 per dag aan voedsel zo'n 25 à 31 cent, wat hij dus zelf betaalde. Op de loggers en de sloepen van de andere vissersplaatsen was dat 42 à 49 cent. In Maassluis gaf de rederij geen sterke drank mee aan boord. In plaats daarvan verstrekte de rederij aan de schipper het gemiddelde bedrag dat daaraan gewoonlijk werd besteed. Die verdeelde het na afloop van de teelt onder de bemanning, ongeveer f 4,— per man. Zowel op de treilers als op de loggers en sloepen dronk men veel bier bij het eten. Zo werd o.a. de rijst 'gebierd', dat wil zeggen met een scheut bier overgoten.

In de kombuis

Op de IJmuider treilers kende men zo'n halve eeuw geleden al een 'echte' kok, die bij het vissen niet of nauwelijks betrokken was, maar van vijf uur 's morgens tot acht uur 's avonds bezig was met koken, schoonhouden van de kombuis en aardappelen schillen. Volgens de voor IJmuiden geldende loonregeling van 1909 moest hij tenminste 16 jaar zijn en verdiende hij f 40,— per maand. Voorheen was dat wel anders: jongens van 12 en 13 jaar fungeerden als kok en kregen daarvoor f 15,— à f 25,—. Op de treilers had de kok de beschikking over een aparte kombuis tegen de achterzijde van de 'koelkast', de overkapping van machine en ketelruim.

Op de loggers van Vlaardingen, Maassluis, Scheveningen en Katwijk moest de bemanning geluk hebben. Men kende er geen speciale kok. Iemand van de bemanning die in het koken wat bedreven was, werd daarvoor aangewezen. Ontbrak zo'n 'deskundige', dan besliste het lot. Tijdens het koken was hij vrijgesteld van allerlei visserij- en scheepswerkzaamheden aan boord, maar verder deed hij gewoon dienst zoals de andere vissers. Hij kreeg wel een extra toelage: 20 à 25 cent per week. Hij kookte in het volkslogies, want er was geen aparte kombuis.

Hoofdstuk 10

JONG GELEERD, OUD GEDAAN

De weg op zee vinden is moeilijk. Het omringende water en de lucht er boven bieden geen vaste herkenningstekens zoals er op het land zoveel te vinden zijn. Bovendien wordt van een visser verwacht, dat hij op de onafzienbare uitgestrektheid van de zee de vis weet te vinden.

Het loodje

Noordzeevisserij is een moeilijk vak, maar de Noordzeevissers hebben van oudsher hun vak verstaan. Eeuwenlang vonden zij hun weg én de vis met behulp van een handvol eenvoudige werktuigen, zoals het kompas, de octant, het dieplood enz. Vooral het 'loodje' was populair: met wat vet eraan ging het overboord. Zo werd de diepte van de zee gepeild en door het vet kwamen er wat 'grondtekens' mee naar boven: zand, modder, plantjes, schelpen enz. Zij 'zagen' dan ongeveer waar zij waren en 'roken' – of proefden zelfs – of er op die plek wat te vangen viel. De vissers kenden hun zee zoals een boer zijn akker.

Deze deskundigheid leerde men niet op school, maar in de harde praktijk aan boord en ging van vader op zoon. Na 1850 veranderde dat. Er kwamen nieuwe vistuigen in gebruik, de voortstuwing werd gemechaniseerd, er kwamen allerlei apparaten en instrumenten aan boord. De noodzaak van visserij-onderwijs werd duidelijk, vooral bij buitenstaanders en bij sommige reders, maar aanvankelijk niet bij de vissers.

De eerste visserijschool werd te Scheveningen in 1878 opgericht, Vlaardingen volgde in 1889. In 1908 konden de vissers voor het eerst rijksexamens afleggen. Het visserij-onderwijs bleef zeer lang in hoofdzaak nautisch en technisch. Eerst in meer recente tijd is er ook aandacht voor visserijkunde, materialenkennis enz. Tot vis-

Tuigmodel in een visserijschool.

serij-onderwijs op universitair niveau, zoals in verschillende andere landen, is het in Nederland nooit gekomen.

De Scheveningse visserijschool

De eerste visserijschool in Nederland werd opgericht te Scheveningen in 1878. De Haagse gemeenteraad had daartoe, op aandrang van de reders en de Kamer van Koophandel, op 4 juni van dat jaar besloten. Tot hoofd van de school werd benoemd de gepensioneerde koopvaardijkapitein L. Zuyderduyn, op 1 januari 1886 opgevolgd door oud-kapitein S. J. Krijt. De lessen werden gegeven in de namiddag en de vroege avond in een van de Haagse gemeentescholen voor behoeftigen en sedert 1888 ten huize van het hoofd van de school. In 1886 bedroeg het aantal leerlingen 33, in 1890 51.

Het onderwijsprogramma was hoofdzakelijk nautisch: kennis van golven, kanalen, zeehavens, banken, bakens, diepten enz.; verder wettelijke bepalingen omtrent het uitwijken, seinen, het zeilen onder verschillende weersomstandigheden. Daarnaast kregen de aanstaande vissers enig onderricht in de bouw en tuigage van schepen, in het gebruik van vistuig, ankers, het uitrusten en ballasten van schepen en het stuwen van de lading. Ook werd geoefend in nettenboeten en schiemannen.

De Scheveningse visserijschool leidde aanvankelijk een moeizaam bestaan, ook door gebrek aan leerkrachten. Het bleek in 1908, toen voor het eerst van rijkswege examens werden afgenomen. Geen enkele Scheveningse visser nam eraan deel, wat vanzelfsprekend moest opvallen. Het was aanleiding een reorganisatie door te voeren. De heer Krijt, die zoveel voor het Scheveningse visserij-onderwijs had gedaan, kreeg enige jaren later, in 1910, op eigen verzoek eervol ontslag en werd als directeur opgevolgd door C. Lieuwen. De school telde toen 104 leerlingen. Het onderwijs was kosteloos en omvatte wis- en zeevaartkunde, praktische zeevaartkunde, wettelijke bepalingen, stoomwerktuigkunde en motorenleer. Daarnaast werd ook algemene vorming gegeven, zoals Nederlandse taal, rekenen en schrijven en bovendien breien en boeten en verband- en gezondheidsleer. In 1917 kreeg de school een nieuw gebouw.

De Vlaardingse visserijschool

Ook de Vlaardingse visserijschool, opgericht in 1889, kwam maar moeizaam van de grond. Hier was de oprichting het initiatief van één man: Jacob Verweij, zoon van een schipper en zelf schipper, alsook kapitein ter koopvaardij. Hij gaf zijn cursus thuis, 's avonds van 7–9 uur. De cursus begon op 2 december 1889 met elf leerlingen. In maart 1890 waren het er nog maar acht, zodat Verweij de cursus voorlopig moest stoppen. Het schoolgeld van 50 cent per week bleek te hoog; er was veel verzuim, omdat vele jongens mee ter wintervisserij voeren. Ook toen in volgende jaren geen schoolgeld meer geheven werd, bleef de animo gering.

Een reorganisatie in 1903, met steun van de Afdeeling Vlaardingen van de Nederlandsche Vereeniging ter Bevordering van de Visscherij, bracht de zo gewenste verbetering. Het werd een dagschool met aan het hoofd een directeur, bijgestaan door een schipper. De gemeente stelde twee lokalen van de Burgeravondschool beschikbaar en een subsidie van f 400,—. Ook de reders gaven bijdragen.

In IJmuiden waren het de heren J. R. Wüste en M. J. Schuiten-maker, die in 1905 tot de conclusie kwamen dat 'iet of wat aan de scholing van de knapen gedaan diende te worden, wilde de visscherij zich altoos kunnen beroepen op versch en nieuw bloed voor hare vloot'. Hun initiatief leidde op 26 juli 1905 tot de oprichting van de 'Vereeniging Visscherijschool IJmuiden', die van de gemeente de beschikking kreeg over een leslokaal in een noodschool aan de Oranjestraat. De eerste directeur-leraar was P. A. de Lange. Hij gaf 's avonds les aan veertien leerlingen. Zij waren verplicht een uniform te dragen: blauwe jekker, blauwe broek, trui en muts.

De kosten van de uniformen drukten zwaar op het schrale budget van de vereniging en toen na het overlijden van reder J. Planteijdt de bijdragen terugliepen en ook de gemeente de subsidie verminderde, moest men half oktober 1911 de lessen staken.

Ook in IJmuiden was deze dreigende sluiting van de school aanleiding tot hernieuwe activiteiten. In november 1911 werd de 'Stichting Gemeentelijke Visscherijschool' opgericht en op 16 januari 1912 werd de visserijschool feestelijk geopend. De bekende schipperleraar H. de Korte Johzn, afkomstig van Middelharnis, volgde P. A. de Lange als praktijkleraar op en genoot spoedig een grote populariteit. Directeur werd de luitenant ter zee 2de klasse G. Duyckinck Sander, in 1934 opgevolgd door de zeer populaire koopvaardij-officier P. J. Verwayen (tot 1963). In 1916 kreeg de school een nieuw gebouw. Ook in IJmuiden kende men het probleem van het veelvuldig verzuim. Van de dagschoolleerlingen was meestal de helft afwezig. De diploma's waren niet verplicht. Het kwam dikwijls voor dat vissers zonder diploma leidende functies aan boord bekleedden, terwijl gediplomeerde vissers als kok, matroos of stoker moesten monsteren. 'Wij moeten visruikers hebben, geen diploma's', vonden sommige reders. Eerst de Wet op Zeevischvaartdiploma's van 1935 stelde de diploma's verplicht voor leidende functies, zij het dat als overgangsmaatregel dispensatie kon worden verleend. Daarvan is veel gebruik gemaakt tot zeer ver na 1945.

In 1921 bestonden er behalve te Scheveningen, Vlaardingen en IJmuiden visserijscholen te Breskens, Bunschoten, Egmond aan Zee, Den Helder, Hindelopen, Hoorn, Huizen, Katwijk aan Zee, Noordwijk aan Zee, Urk en Vlissingen. De opleiding duurde drie jaar. Het aantal leerlingen bedroeg in dat jaar 509. Sedertdien is het aantal visserijscholen voortdurend gedaald. In 1969 waren er nog maar zeven: Ouddorp (Stellendam), Scheveningen, Katwijk aan Zee, IJmuiden, Urk, Den Helder en Vlissingen. Het aantal leerlingen bedroeg in dat jaar 308. De visserijschool te Scheveningen beschikt sedert de jaren zestig over een visserij-opleidingsschip, 'De Zee-arend', een verbouwde logger uit 1912. Een nieuw opleidingsschip voor de visserijscholen staat op stapel.

De invoering van rijksdiploma's in 1908 leidde bij alle visserijscholen tot reorganisatie. Men ging over tot dagscholen, die een tweejarige opleiding kenden voor stuurman en schipper en cursussen voor de opleiding tot machinist, stoker en motordrijver. De scholen, meestal op particulier initiatief tot stand gekomen, werden veelal door gemeente of rijk overgenomen.

De bekende visserijbioloog dr. P. P. C. Hoek had er reeds in 1908 voor gepleit, dat naast de nautische vakken ook les gegeven zou worden in de biologie en de behandeling van de vis en in de rationele exploitatie van de viswateren. Ook drong hij toen aan op een aparte opleiding voor leraren bij het visserij-onderwijs. Hij stelde het gedegen landbouwonderwijs ten voorbeeld.

Het kwam er niet van. Wel werd sedert 1921 door de Katwijkse schipper Jacobus Groen op enige visserijscholen visserijkunde gegeven. Het duurde echter tot 1954 eer algemene viskunde en materialenkennis in het onderwijsprogramma werden opgenomen en daarin ook examen werd afgenomen. Toen ook kwamen er speciale cursussen om de leraren op de visserijscholen, voornamelijk oud-koopvaarij- en marineofficieren, in deze vakken te bekwamen. Een belangrijke maatregel was de instelling van een onderwijsfonds in 1967 door het Visserijschap. Dit fonds verleent studietoelagen aan leerlingen van visserijscholen en verleent subsidies voor het totstandkomen van visserijleerboeken.

De Wet op de Zeevischvaartdiploma's van 1935 omschreef de eisen voor het diploma stuurman I, II en III, afhankelijk van het vaargebied, en voor het diploma motordrijver, in de wandeling het diploma voor 'monteur' genoemd. Gezien de vele veranderingen die zich sedertdien in de visserij hebben voorgedaan, zal die wet grondig herzien moeten worden. Er zijn plannen om een diploma voor de kustvisserij in te voeren. Bovendien wil men de leerlingen in staat stellen meerdere diploma's te halen zonder telkens de studie te moeten onderbreken om de voorgeschreven vaartijd te behalen. Een belangrijke aanvulling is ook, dat de opleiding niet langer meer beperkt blijft tot vooral nautische en technische vakken, maar ook specifieke visserijvakken in het onderwijspakket zullen worden opgenomen. Een late en gedeeltelijke realisering van de voorstellen die dr. P. P. C. Hoek reeds bijna driekwart eeuw geleden deed.

Ondanks deze verbetering in de opleiding is het in Nederland nog niet gekomen tot visserij-onderwijs op universitair niveau, zoals in verschillende andere landen. Door de sterk gewijzigde omstandigheden, vooral na de Tweede Wereldoorlog, is ook het beroep van Noordzeevisser veranderd. De opleiding past zich geleidelijk aan, maar sporen van het eeuwenoude ambacht zijn gebleven. Ook vandaag nog wordt van de zeevisser verwacht, dat hij kan boeten en schiemannen.

Hoofdstuk 11

GROTE MANNEN

In de lange historie van de Nederlandse zeevisserij komen wij vele figuren tegen die, hetzij reeds tijdens hun leven, hetzij later grote bekendheid verwierven. Bijna elke vissersplaats heeft herinneringen aan zulke mannen: moedige vissers, initiatiefrijke reders, succesvolle kooplieden, grote geleerden enz. Slechts enkelen kunnen wij de revue laten passeren.

Willem Beukels (ca. 1400)

De meest bekende figuur uit de Nederlandse visserijgeschiedenis is ongetwijfeld Willem Beukels. In elk schoolboekje wordt hij wel vermeld. Toch weten wij over hem het minst. De historici hebben nogal veel aandacht voor hem, want de 'uitvinding' die aan hem wordt toegeschreven, was zeer belangrijk: het haringkaken.

Tegenwoordig menen verschillende historici, dat van een echte uitvinding geen sprake is, wel van een verbeterde toepassing van een al lang bekende conserveringsmethode. Die verbetering is niet omstreeks 1340 voor het eerst toegepast, maar zeer waarschijnlijk omstreeks 1400. Bovendien is het niet ene Willem Beukels uit Biervliet die met het haringkaken op zee begon, maar iemand met dezelfde naam uit Hughevliet, vlak bij Biervliet.

Reeds in de twaalfde eeuw vingen vissers van het eiland Schonen in Zuid-Zweden haring en brachten die dagelijks aan land. De Hanze-kooplieden, ook uit de Nederlanden, kochten die haring op en lieten die op Schonen van de 'gellen', de ingewanden ontdoen, zouten en in tonnen verpakken. Deze tonharing exporteerden zij in grote hoeveelheden naar Oost- en West-Europa, o.a. naar Brugge en vele andere plaatsen in de Nederlanden. Men kende hier te

Kerkraam te Biervliet met afbeelding van Willem Beukelsz.

lande dus de conserveringsmethode van Schonen. In de jaren tachtig van de veertiende eeuw verminderde echter de aanvoer van de Schonense tonharing vanwege politieke problemen. De Hanzesteden stelden een boycot in tegen de stad Brugge. Het is niet zo verwonderlijk, dat de vissers uit Vlaanderen en Zeeland, die al lang op haring visten voor de oostkust van Engeland, nu zelf hun haring gingen bewerken zoals te Schonen. Omdat de afstand van Engeland naar Vlaanderen en Zeeland te groot was, moesten zij hun haring aan boord kaken. Dat vereiste een andere organisatie en een ander scheepstype: men moest immers tonnen en zout meenemen en ook meer proviand voor een grotere bemanning. En dat vroeg ook om een groter schip. Kort na 1400 is er in de haringvisserij inderdaad sprake van een nieuw type schip: de haringbuis. Bovendien zien wij dan in allerlei steden voorschriften komen omtrent de op zee gekaakte haring. Dat alles wijst er op, dat er omstreeks 1400 zich veranderingen in de haringvisserij hebben voorgedaan.

In 1393 is er in Hughevliet sprake van een Willem Beukels, visser van beroep. Hij, of in elk geval vissers uit zijn omgeving, zullen begonnen zijn de haring op zee te kaken. Een zeer belangrijke conserveringsmethode, die tot op de dag van vandaag wordt toegepast en de Hollandse haringvisserij eeuwenlang een zeer grote voorsprong heeft gegeven.

Willem Beukels van Hughevliet wordt echter niet door iedereen erkend als de 'uitvinder' van het haringkaken. Velen houden het nog bij Willem Beukels van Biervliet, waar een standbeeld voor hem is opgericht, en ook is hij daar op een kerkraam afgebeeld.

Het Belgische Oostende meent, dat een inwoner van die stad, Jacob Kien, de eer van eerste haringkaker toekomt. In Ouddorp, op Goeree, daarentegen houdt men het op Jan Machiel Duffel. Op zijn graf in de Grote Kerk zou een visnet en een kaakmes afgebeeld staan. Bij het aanleggen van een centrale verwarming is zijn grafsteen echter onder de grond geraakt en nu niet meer te zien.

Moedige Scheveningers (1780-1781)

Scheveningse vissers speelden ook wel eens voor postbode op zee door op verzoek van kooplieden belangrijke brieven te gaan halen

aan de overzijde, in Engeland. Zo'n verzoek kregen ook de Scheveningse vissers stuurman Arie Bruin en zijn maats Arie Dijkhuizen,
Cornelis Spaans en Michiel Pronk in december 1780. Op de 25e
van die maand vertrokken zij met hun bomschuit en arriveerden de
volgende dag op de plaats van bestemming: het dorpje Sools. Tot
hun verbazing werden zij bij hun aankomst onmiddellijk onder
arrest gesteld. Het bleek dat Engeland vijandige maatregelen tegen
de Republiek wilde nemen, al was de oorlog nog niet officieel verklaard. Hun bomschuit werd onttakeld, zodat zij er niet mee weg
konden varen. Ook kregen zij een wacht bij het schip.

De Scheveningers zonnen op middelen om te kunnen ontsnappen.
Op 6 januari deed zich een kans voor, toen het 's morgens zeer
mistig was. Zij slopen van boord en kropen in een roeiboot die zij
eerder hadden opgemerkt. Er was weinig proviand en water aan
boord. Zij troffen er een kompas aan, een peilstok, een haak, een
lijn, een ankertje en drie roeiriemen. Het bootje was slechts 19 Rijn-

landse voeten lang en 5½ voet breed, dus 5,96 meter lang en 1,73 meter breed. Toen zij in zee wilden steken, durfde Arie Bruin het niet aan en bezwoer zijn maats de roekeloze oversteek niet te maken. Maar die wilden naar huis en lieten de stuurman achter.

Onder dekking van de dikke mist voeren zij weg en roeiden uren achtereen door. De mist trok op. Later op de dag kwamen er drie Engelse schepen in zicht, die het nietige scheepje gelukkig niet opmerkten. Tegen de avond moest men het roeien staken vanwege uitputting. Nood maakt echter vindingrijk. Men kwam op het idee een van de riemen als mast te gebruiken, een andere riem als ra en een hemd als zeil. Zo zeilde men 's nachts door.

De volgende morgen betrok de lucht. De wind wakkerde aan en ging over in storm met hevige hagelbuien en slagregens. Men moest het ankertje uitgooien en uit alle macht hozen met hun Scheveningse hoeden. Het duurde uren eer de storm bedaarde. Men slaagde erin het bootje drijvende te houden.

's Middags ontdekte men land, een torenspits, niet van Scheveningen, maar van Monster. De branding is echter sterk. Men zeilt op Ter Heide aan. Daar bemerkt men de boot. Met behulp van paarden en lijnen wordt de roeiboot door de branding gehaald. Groots is de ontvangst. Onmiddellijk wordt een rijtuig in gereedheid gebracht om de Scheveningers naar huis te brengen. Daar komen zij 's avonds aan en worden er als helden gehuldigd. Vijftig jaar later is dit Scheveningse heldenfeit nog eens herdacht in een lang gedicht.

Jacob van der Windt van Vlaardingen (1781)

Tezelfdertijd, in december 1780, waren er 148 hoekers met zo'n 1.600 à 1.700 vissers op de Noordzee ter beugvisserij, een gemakkelijke prooi voor de Engelse marine, want zij hadden geen weet van het uitbreken van de oorlog. Op 24 december hadden de reders te Vlaardingen en Maassluis al bericht ontvangen van de kwade Engelse bedoelingen via het Rotterdamse handelshuis van Franco & Adriaan Dubbelmuts, dat een filiaal in Londen had. Vertegenwoordigers van de reders besloten daarop een snel zeilend schip naar de niets vermoedende vissers op zee te sturen om hen te waarschuwen. De reders Assendelft, De Koning en Vaarenburg boden voor dat doel ieder een hoeker aan. Twee stuurlieden durfden het aan. Echter niet de bemanningen. De hoekers waren immers onbewapend. Deze bewapenen zou te lang duren. Men moest daarom naar een vrijwillige bemanning zoeken. Men vond die te Vlaardingen.

Nog diezelfde avond, op 28 december, vertrokken de vissers en stuurman Jacob van der Windt naar Brielle, waar het hoekerschip 'De Roode Roos' enige dagen tevoren was binnengelopen. Het had Vlaardingen, waar het thuis hoorde, wegens de strenge vorst niet kunnen bereiken.

Jacob van der Windt met zijn bemanning zeilde op 29 december uit en bereikte op Oudejaarsdag de vissersvloot. De gewaarschuwde beugers zochten onmiddellijk veilige havens op. Tot 9 januari 1781 bleef 'De Roode Roos' rondkruisen en praaide in die tijd 120 vissersschepen. Op 12 januari besloot Jacob van der Windt huiswaarts te keren.

Het was een gedurfde onderneming geweest om ongewapend onder oorlogsdreiging zo ver de Noordzee op te gaan. De onderneming had ook succes: slechts vier vishoekers geraakten in Engelse han-

Erepenning voor Jacob van der Wint van Vlaardingen (1780—1781).

den, terwijl vier andere, waaronder van Vlaardingen, door de Engelsen op het strand gejaagd werden en verloren gingen.

Het optreden van Jacob van der Windt maakte veel indruk en werd alom gevierd met dankdiensten in de kerken, met herdenkingspenningen en gedichten.

Reder A. E. Maas van Scheveningen (1817-1886)

Adriaan Eugène Maas was in de visserij een vreemde eend in de bijt. Geboren te Rotterdam als zoon van een marine-officier ging hij in 1828 als elfjarige met zijn moeder naar Scheveningen. Zijn vader was in dat jaar overleden. Zijn moeder begon er een badinrichting en hij hielp haar daarbij. In 1844 begon hij zelf een badhuis. Het floreerde zo goed, dat een groot deel van het strand vol zat met zijn badgasten. Het bracht hem in conflict met de Scheveningse vissers, die immers een deel van het strand ingenomen zagen door badgasten ten koste van landingsruimte voor hun bomschuiten. De gemeente was op de hand van de vissers en maakte het Maas niet gemakkelijk. Maas besloot toen zijn badhuis te verkopen en zelf een rederij te beginnen. Hij kocht twee bomschuiten.

Het visserijbedrijf was toen zeer streng gereglementeerd. Onder invloed van de liberalen was men echter druk doende de overheidsbemoeiing in te dammen, die onder andere de visserij zo zeer knevelde. De nieuwe visserijwet van 1857 was daarvan het resultaat. Een voorproefje ervan kwam al in 1855, toen de bepaling werd opgeheven, dat de haringnetten van hennep gemaakt moesten zijn. Adriaan Maas begon onmiddellijk te experimenteren met gedeeltelijk katoenen netten. Hij had daarmee geen succes. Toen liet hij geheel machinaal vervaardigde katoenen vleten uit Schotland komen en liet deze ook prepareren met een ander dan het gebruikelijke middel, nl. het plantenextract cachou. Deze netten bleken veel langer mee te gaan. De katoenen netten waren ook veel lichter in gewicht en men kon dus veel grotere vleten meenemen. De grotere katoenen vleet verhoogde de vangst en kwam dan ook spoedig in gebruik bij de buizen en hoekers van de Maassteden.

De zo veel lichtere netten boden echter onvoldoende tegenwicht voor de zware hoekers en buizen. Maas zag daarom uit naar een meer geschikt type vissersvaartuig. Zo'n schip zag hij in 1865 op de visserijtentoonstelling te Boulogne sur Mer, waar hij optrad als officieel vertegenwoordiger van Nederland. Het was de Franse houten 'lougre', een licht schip, waarop de wind weinig vat had. Onmiddellijk kocht hij zo'n schip en noemde het 'Scheveningen'. Het arriveerde in 1866 te Vlaardingen. Met veel moeite kon hij ervoor een bemanning vinden, want de behoudende vissers vertrouwden zo'n nieuwigheid niet. De besomming overtrof echter elke verwachting: een netto-winst van 37 % in zes reizen was ongehoord. In 1866 nog bestelde Maas een logger bij de Vlaardingse scheepswerf ''s Lands Welvaren' en het jaar daarop liet hij er nog eens twee bouwen. Het tuig werd echter gewijzigd. In plaats van driemasttuig ging hij over op tweemastkottertuig.

De grotere snelheid van de logger en de langere vleet die dit schip kon meenemen zorgden voor een viermaal zo grote besomming dan bij de Vlaardingse hoekers. Eerst toen gingen ook andere reders op de logger over. In 1886 verdween de laatste hoeker en sedertdien beheerste de zeillogger, later de stoom- en motorlogger, het beeld van de Nederlandse haringdrijfnetvisserij.

Bij de dood van Adriaan Maas in 1886 stelde het College voor de Zeevisscherijen – een adviescollege voor de regering, waarin ook Maas zitting had –, dan ook terecht vast, dat 'wanneer het geoorloofd is één enkelen naam te verbinden aan de groote omwenteling, welke de Nederlandsche zeevisscherijen in de laatste vijf en twintig jaren hebben ondergaan', dit de naam van Adriaan Eugène Maas zou moeten zijn.

De Vlaardingse reder Ary Hoogendijk Jz (1860-1928)

Een groot man voor de Nederlandse zeevisserij in het algemeen en voor de Vlaardingse visserij en vishandel in het bijzonder was Ary Hoogendijk Jz. Hij had zo zijn eigen ideeën omtrent de werkgelegenheid in de zeevisserij: een rederij die niet het gehele jaar door brood op de plank van de vissers kan geven, ondermijnt zichzelf.

Zowel de beugvisserij als de haringvisserij waren echte seizoenbedrijven. Na afloop van het seizoen werd telkens een groot deel van de bemanning ontslagen. Zowel om economische als om sociale redenen was het van belang continuïteit in de werkgelegenheid te verzekeren. Een oplossing daarvoor zag Ary Hoogendijk in de stalen bunsloep: een schip zowel geschikt voor de haringdrijfnetvisserij als voor de beugvisserij. Om zijn ideeën te realiseren richtte hij in 1891 de Dogger-maatschappij op, die onmiddellijk begon met het in de vaart brengen van stalen bunsloepen. Zij bleken succesvol. Maar daarbij bleef het niet. Ary Hoogendijk had een vooruitziende blik en voorzag de grote mogelijkheden van de stoomkracht. In 1897 bracht hij als eerste in Nederland een stoomvissersvaartuig in de vaart, de VL 190 'Koningin Wilhelmina'.

Zijn ideeën omtrent de zeevisserij met kielschepen heeft hij in 1893 gepubliceerd in zijn boek 'De grootvisscherij op de Noordzee', nog steeds een standaardwerk over de Nederlandse haringdrijfnet- en beugvisserij. Ook op andere gebieden was hij actief. Hij was steeds aanwezig op internationale en nationale visserijtentoonstellingen, als exposant en veelal ook als officieel vertegenwoordiger van Nederland. Hij bekleedde tal van functies in visserij-organisaties, zowel nationaal als te Vlaardingen. Toen de Engelsman David S. Meldrum in 1897 Nederland bezocht om informatie te verzamelen voor zijn boek 'Holland and the Hollanders', werd hij voor wat de visserij betreft verwezen naar Ary Hoogendijk 'who probably is the greatest authority on the subject to be found in Holland'.

Visserijbioloog dr. P. P. C. Hoek (1851-1914)

Een internationaal vermaard visserijbioloog was dr. P. P. C. Hoek, geboren te Giethoorn in 1851. Hij was het die het Nederlandse visserijonderzoek zo'n tachtig jaar geleden van de grond bracht en daarmee voor de visserij zeer grote betekenis heeft gekregen.

In 1884 werd hij secretaris van de in 1872 opgerichte Nederlandse Dierkundige Vereniging. Hij wist te bereiken dat deze vereniging de beschikking kreeg over een 'Zoölogisch Station', een laboratorium voor dierkundig onderzoek. Aanvankelijk was het een houten verplaatsbaar gebouwtje, maar in 1889 werd het een permanent stenen gebouw in Den Helder. Hoek werd directeur van dit station.

Op 7 februari 1888 had de regering hem benoemd tot Wetenschappelijk Adviseur voor Visscherij-zaken. Hoek verrichtte zeer veel onderzoek en er verscheen een stroom van publikaties van zijn hand. Steeds weer benadrukte hij dat maatregelen in het belang van de visserij moesten berusten op wetenschappelijke kennis en verantwoorde statistische gegevens. Zijn adviezen in deze leidden in 1912 tot de oprichting van de Visserij-inspectie.

Hoek was een van de initiatiefnemers in 1902 tot de oprichting van de Internationale Raad voor het Onderzoek der Zee te Kopenhagen.

Hij werd de eerste secretaris van deze internationale organisatie en ging in verband daarmee te Kopenhagen wonen. In 1907 verzocht de Nederlandse regering hem weer terug te keren, omdat hij niet gemist kon worden bij het Nederlandse visserij-onderzoek. In 1912 werd Hoek directeur van het toen opgerichte Rijks Instituut voor Visserij-onderzoek te Haarlem, dat nog steeds bestaat en nu gevestigd is te IJmuiden. In 1914 overleed dr. P. P. C. Hoek aan een hartkwaal. Daarmee verloor Nederland een eminent geleerde en een bekwaam organisator

Ds. James Chambers (1844-1925)

Een man die zeer veel gedaan heeft voor de Nederlandse zeevissers, in het bijzonder wat de geestelijke verzorging betreft, was de Schotse dominee rev. James Chambers. In 1885 werd hij beroepen te Amsterdam. De kleine gemeente van de English Episcopal Church bezat een kerkje aan de Groenburgwal. Behalve zijn werkzaamheden voor deze gemeente was hij ook actief als leider van een zendingsschool en ging hij meer dan dertig jaar voor in kerkdiensten te Utrecht en Arnhem. De zorg voor zeelieden in de Amsterdamse haven ging hem bijzonder ter harte. In het Zeemanshuis richtte hij een leeszaal in voor Engelse en Amerikaanse zeelieden.

Zijn bijzondere belangstelling voor zeelieden en met name vissers dateerde al van ver voor zijn komst naar Amsterdam, toen hij als zendeling werkzaam was op de Magdalena Eilanden in de Golf van St. Laurens in Canada. Op deze onherbergzame eilanden woonde een zeer talrijke vissersbevolking. Daar leerde hij hun noden en harde bestaan kennen.

Mede op zijn initiatief en onvermoeibare ijver kwam in 1899 de Vereeniging ten Behoeve van Zeelieden van Elke Nationaliteit tot stand, die het hospitaalkerkschip 'De Hoop' in de vaart bracht. Dit schip voer tussen de haringvloot en verleende alle mogelijke hulp, naast de geestelijke vooral ook medische en technische, en deed dienst als drijvende kerk. Deze vereniging bestaat nog steeds en exploiteert nu een modern uitgerust hospitaalkerkschip, evenals haar drie voorgangers ook 'De Hoop' geheten.

Reder C. Planteijdt van IJmuiden

Omstreeks 1900 was Planteijdt een begrip in IJmuiden. Deze vis-handelaar en reder wist in 1895 van de overheid een concessie te verkrijgen voor de exploitatie van een visafslag. Het was de vierde afslag te IJmuiden. De vier afslagen beconcurreerden elkaar heftig. Het was een chaotische tijd in IJmuiden. In de vishandel tierde de corruptie welig. De gemeente Velzen, waartoe IJmuiden behoorde, zag geen kans er een eind aan te maken. Het was voor het Rijk aanleiding een rijksvisafslag in te stellen.

Het is maar moeizaam gegaan. Onder leiding van C. Planteijdt ver-zette de vishandel zich tegen het staatsbedrijf. Hij richtte met hulp van reders en vishandelaren de 'Coöperatieve Vischafslag' op om de strijd tegen de rijksvisafslag met meer kracht te kunnen voeren. Deze wilde de schippers verplichten hun vangsten alleen bij de rijksafslager te laten verkopen. Planteijdt c.s. wisten zich echter door de rechter in het gelijk gesteld: de schippers waren vrij in het kiezen van een afslager.

Toch was het een ongelijke strijd. De veel lagere afslagkosten en de veel gunstiger credietvoorwaarden bij de rijksafslag betekende op den duur de doodsteek voor de 'Coöperatieve Vischafslag'. In 1902 werd zij opgeheven.

Planteijdt had het zien aankomen en had al uitgezien naar andere bronnen van inkomsten. Hij wist voldoende kapitaal bijeen te bren-gen om in maart 1900 de N.V. Visscherij Mij. 'Oceaan' te kunnen oprichten. Daarbij bleef het niet. Onder de verzamelnaam 'De Zeven Provinciën' bracht hij nog vele andere rederijen op de been. Zijn vissersvloot groeide in korte tijd uit tot 28 schepen, waaronder 25 stoomtreilers. Bij zijn dood in 1907 – hij reed met zijn rijtuig op de stoomtram uit Santpoort – stortte heel dit imperium echter in korte tijd ineen. Zeven van zijn maatschappijen werden snel failliet verklaard, in 1912 de rest van de rederijen onder 'De Zeven Provinciën'. Planteijdt heeft zeer veel bijgedragen tot de ontwik-keling van IJmuiden, vooral tot die van de zeevisserij. Veel steun ook verleende hij aan de visserijschool daar. Bij zijn begrafenis huil-den zelfs de meest ruwe zeebonken, die deze bijzondere en merk-waardige man als een god hadden vereerd.

C. Varkevisser van Katwijk (1901-1968)

Een figuur van grote betekenis voor de Nederlandse zeevisserij was ook de visserijleraar en later directeur van de Katwijkse visserijschool C. Varkevisser. Hij was een echte 'Katteker'. Als dertienjarige ging hij ter visserij en doorliep de visserijschool. Op negentienjarige leeftijd koos hij voor de koopvaardij, maar na enige tijd dreef zijn verlangen naar kennis hem naar de zeevaartschool te Amsterdam. Hij bracht het tot eerste stuurman. Een enigszins verminderd gezichtsvermogen deed hem afzien van een verdere zeemansloopbaan. Hij koos toen voor het onderwijs.

Hij begon als leraar aan de visserijschool te Vlaardingen, maar na vier jaar al, in 1929, werd hij directeur van de visserijschool in zijn geboorteplaats Katwijk. Hij bleef het tot 1966. Zeker duizend Nederlandse schippers zijn gedurende die vele decennia op zijn school gevormd. Hij bouwde de school sterk uit, zowel in ruimte als in aantal leraren. In 1929 was hij er de enige full-time leraar naast een part-time kracht voor het onderwijs aan motordrijvers en een huisarts voor het E.H.B.O.-onderricht. Varkevisser heeft altijd gewezen op het belang van de haringdrijfnetvisserij als leerschool voor de vissers. Hij betreurde dan ook zeer het verdwijnen van deze eeuwenoude tak van bedrijf.

In 1966 nam hij afscheid van zijn Katwijkse school, maar bleef nog zeer actief bezig met o.a. het voorbereiden van leerboeken voor het visserij-onderwijs. In 1968 overleed hij. Bijzonder veel belangstelling heeft hij altijd aan de dag gelegd voor de geschiedenis van de visserij. Hij was één der oprichters van het Visserijmuseum te Vlaardingen, dat de Nederlandse zeevisserij in verleden en heden toont en documenteert. Zijn aandacht ging natuurlijk ook sterk uit naar de visserijhistorie van 'de Zijde', met name Katwijk. Zijn kennis van het Katwijkse taaleigen bracht hem in contact met prof. Overdiep, met wie hij het woordenboek 'De volkstaal van Katwijk' publiceerde.

Hoofdstuk 12

VISSERSZEDEN

Eeuwenlang vormden de vissersplaatsen een zeer gesloten gemeenschap, waar tradities lang standhielden. Eind vorige eeuw kwam het tot een geleidelijke ontsluiting van die gemeenschap als gevolg van allerlei ontwikkelingen, vooral technische. In de vissersplaatsen waar de industrialisatie snel om zich heen greep, zoals in de steden aan de Maas, verdwenen de visserszeden en -gewoonten het eerst; in de vissersdorpen aan de kust wat later, vooral na 1945. Enkele tradities zijn nog in ere gebleven, zij het in aangepaste, soms wat verschraalde vorm, zoals Vlaggetjesdag en het aanbieden van Koninginneharing.

Het gebed voor de schepen

Op de zondag vóór Buisjesdag (15 juni) vond een plechtige dienst in de kerk plaats, in Vlaardingen 'het gebed voor de schepen' geheten. De predikant hield dan een zeer lange leerrede, waarin niet alleen Gods zegen werd gevraagd, maar ook werd gewezen op het 'principale' belang van de haringvisserij voor 's lands welvaren. De vissers werden opgeroepen hun werk met grote plichtsbetrachting en ijver te vervullen. Dan volgde de 'buiszang'. In 1775 zong men te Vlaardingen een buiszang van 24 coupletten, gemaakt door de Delfshavense predikant Olivier Porjeere. Het negende en het 24e couplet luidden als volgt:

> Is 't een tijdt om niet te werken
> Maak U buizen op de zee
> Dan tot hobbelende kerken
> Met gesprek, gezang en bêe
> Weest getrouw in al U plichten
> Denkt aan Godt op 't bruischende nat

't Regt moet voor het onregt zwigten
Kuipt dus zegen in U vat.

Zie ik gints geen vloot laveeren?
waar moet al dat rijtuig heen?
Ieder schijnt naar honk te keeren
Stilte wordt thans algemeen
Al de buizen zijn vertrokken
't Oog dat deze visch-vloot zag
Hielp de scheepen zeewaards schokken
't Is voldaan van Buisjesdag.

Vlaggetjesdag en Buisjesdag

Voor de haringdrijfnetvissers was Buisjesdag, lange tijd op 15 juni, de grote dag waarnaar men met ongeduld uitzag. Op die dag vertrok de haringvloot naar zee. Dan begon de 'teelt'. Voor velen betekende dit werk, dus 'brood op de plank' na een werkloze winter van armoede en dagelijkse zorgen. Voor de anderen die zo gelukkig waren geweest in de winter tijdelijk werk aan de wal te vinden, betekende die dag het einde van een onbevredigend bestaan. Vissers zijn onrustig. Op zee: het voortdurende verlangen naar het veilige huis aan de wal en nauwelijks thuis: een onweerstaanbare hunkering naar de zee. Het eeuwige avontuur vol gevaar en wisselvalligheid, vooral wat het inkomen betreft. Zij geven de grotere zekerheid van een walbetrekking daarvoor graag prijs.

Weken van tevoren was het een drukte van belang in de havens: de schepen werden getuigd, van uitrusting en proviand voorzien, en er werd aangemonsterd. Om hun blijdschap tot uiting te brengen tooiden de vissers hun opgepoetste schepen de dag of dagen vóór het uitvaren met een overdaad aan vlaggen. Aldus versierd, wachtten de schepen in de havens op de dag van vertrek.

De vissersbevolking liep uit om de gereedliggende en gepavoiseerde vloot te bewonderen. Ook velen uit de wijde omgeving kwamen kijken. Men 'flaneerde' langs de haven en de schepen. De gezelligheid werd nog verhoogd door allerlei festiviteiten en zo werd het een heel feest. Een typisch vissersfeest: Vlaggetjesdag, de 'kijkdag

voorafgaand aan het uitvaren van de haringvloot op Buisjesdag'.
De belangstelling voor Vlaggetjesdag en Buisjesdag verminderde toen er vissersschepen kwamen die het hele jaar door konden en moesten vissen. Het was niet verantwoord de schepen voor een feestdag terug te roepen. Zo kwam het steeds minder voor dat de haring-schepen collectief konden uitvaren en daags tevoren te pronk kon-den liggen in de haven. De traditie van Vlaggetjesdag wordt alleen in Scheveningen nog gehandhaafd.

De baai van Lerwick

De Hollandse haringvloot begon de visserij ter hoogte van de Shet-land eilanden. Lerwick was dan vele weken lang de thuishaven voor deze vloot. Veel in deze plaats herinnert nog aan de intensieve rela-ties met de Nederlandse haringvissers. De laatste dag van juni stond er bekend als 'Dutchman's saturday' en het was in Lerwick de drukste dag van het jaar.
Wanneer de vissers er 's zaterdags aan de wal kwamen, gingen zij eerst naar het postkantoor om de post van thuis op te halen en briefkaarten te versturen. Dan trokken zij naar de winkelstraat om inkopen te doen. Vooral pepermunt kochten zij in enorme hoeveel-heden. Een geliefd souvenir voor de familie thuis was een stel langharige hondjes van steengoed. In vele visserswoningen stonden deze op de schoorsteen. Al die inkopen nam men mee in een dicht-geknoopte grote rode zakdoek.
De zondag was voor de vissers heilig en een rustdag. Oorspronkelijk woonde men de godsdienstoefening in de Schotse kerk bij, maar die verstonden de vissers niet. Eind vorige eeuw kwam er een Hollandse predikant, ds. L. van der Valk. Het werd sedertdien traditie, dat er tijdens het haringseizoen steeds een of twee Hollandse predikanten in Lerwick verbleven. Sedert 1901 havende tijdens de teelt ook het hospitaalkerkschip 'De Hoop' in Lerwick en deed er dienst als kerk en hospitaal. In 1911 kregen de Hollandse vissers zelfs een eigen kerk: St. Clements Mission Church.
Na 1928 kwamen er steeds minder Hollandse haringschepen te Ler-

Vlaggetjesdag te Scheveningen.

wick. De stoom- en motorschepen hadden minder behoefte aan een thuishaven dicht bij de visgronden.

Ventjagerij

Het begin van de haringtijd was altijd zeer spannend: wanneer zou de eerste haring aankomen en door wie zou die aangevoerd worden? Tot eind negentiende eeuw zonden de gezamenlijke haring-reders, verenigd in de 'Jagerijvereeniging', snel zeilende schepen, ventjagers of haringjagers genoemd, naar de vloot. Zij namen de

Het raderstoomschip 'Cerberus' als haringjager (plm. 1850).

eerst gevangen haring over, zodat de schepen konden blijven doorvissen. De eerste Hollandse Nieuwe bracht immers het meeste op. Hoezeer de reders aan de haringjagerij hechtten, blijkt uit het volgende rijmpje uit 1866, uit het archief van een Vlaardings reder:

De jagt op wildt . . . . is groot genot!
De jagt op roem of eer . . . . zoms zot!
De jagt op winst . . . . wel eens beklaagd
De jagt op meisjes . . . . véél gewaagd
De jagt op vlooien . . . . nijdig iets!
op haaien . . . . 't geeft zoo veel als niets
Maar jagt op haring . . . . dat maakt blij!
Wij houden 't met *die* Jagerij!

De schepen die als haringjager dienst deden, voerden een speciale vlag, de jaagvlag: een blauwe vlag met wit veld, waarop de afbeelding van een schip. Vanaf 24 juni zag men in de vissersplaatsen reikhalzend uit naar de komst van de eerste haringjager. De Vlaardingse torenwachter spiedde met zijn verrekijker vanaf de Grote Kerk richting zee. Werd hij het schip met de jaagvlag gewaar, dan hees hij zo'n jaagvlag op de toren. 'Een sein op, een sein op', riep dan iedereen en spoedde zich naar het Jagerijpakhuis, waar de haringjager zou afmeren.

Koninginneharing en presentharing

Het was al een oude traditie om aan hoge autoriteiten in stad en land een klein vaatje Hollandse Nieuwe aan te bieden, zogenaamde 'presentharing'. Allereerst natuurlijk aan de leden van het Huis van Oranje Nassau, met name de prins, later de koning of koningin. Vandaar de naam 'Koninginneharing'. Deze haring werd verpakt in oranje vaatjes en werd zeer streng gekeurd. Met de haringsjees, getrokken door twee paarden, werden deze vaatjes in allerijl naar het koninklijk paleis vervoerd. Zelfs in de Franse Tijd, toen het uiten van Oranjegezindheid strafbaar was, bleven de reders aan deze traditie trouw. Zo zond de Vlaardingse reder Klaas Hoogendijk in 1803, alsof er geen Franse douane bestond, een ton puike

*Het aanbieden van de koninginneharing. Voor het vertrek
naar het koninklijk paleis.*

Ten paleize.

Hollandse Nieuwe naar de prins van Oranje, die in ballingschap in Brunswijk woonde. Hij hoopte, zoals hij schreef, dat 'de eerstelinge mijner inkomsten' de prins goed mochten smaken. Hij kreeg de volgende brief terug:

Wel Edele Heer

Zijne Doorlugtigen Hoogheid den Heere Prince van Oranje en Nassau heeft mij gelast UwEd. Hoogstdeszelfs vriendelijke dankzegging te betuygen voor het toegezonde vat nieuwe Hollandsche Haring, het welk ter zijner tijd wel is gearriveerd, en excellent bevonden; Zijne Doorlugtige Hoogheid en Hoogstdeszelfs Koninglijke Gemalinne, blijven dit vriendelijk aandenken en aangenaam present aanzien als een vernieuwde blijk van UwEd. bekend attachement aan Hoogstdeszelfs Perzoon en Huys, waarover Hoogstdezelve Hun genoegen aan UwEd. doen betuygen.

Mij van deezen last bij deezen acquiteerende, bidde ik dat UwEd. gelieve te agreëren de sentimenten van ongeveinsde Hoogachting, en welke ik de Eere hebbe mij welmeenend te noemen
      Wel Edele Heer

          UwEd. zeer ootm. Uw Dienaar
            E. Schlundt Bodien

Brunswijk den 27e
Novemb. 1803

Na 1900 verdween de haringjagerij, maar het aanbieden van Koninginneharing bleef traditie tot op de huidige dag.

Loflied op den pekelharing

De Hollandse Nieuwe was een alom geliefde zeebanket, dat vele pennen van dichters en rijmelaars en ook penselen van schilders in beweging bracht. Een zo'n 'Lofdicht van den Pekelharing' uit 1623 luidt als volgt:

111

Soo gij wilt een goe Bewaring,
Neemt een schoonen Pekel-Haring,
Swaer, en niettemin van schik
En van rugge blaeuw en dick,
Dees die sult gij dus bereyden,
't Hooft en smacht van 't lijve scheyden,
't Vel aftrecken om end'om,
Reynigen van 't vuyle grom.

Dan soo moogt gy hier van eten,
Raeuw, oft in het vier ghesmeten;
Neemt daer toe ajuyn, en noch
Roere-broet van swarte rogh:
Dit, des avonds inghenomen,
Eer gij tot de slaep sult komen,
Is een trefflick medicijn
Nae den dronk van Bier en Wijn.

Meer hooggestemd, of beter hoogdravender, was het lied uit de negentiende eeuw van de Drentse dichter H. A. Spandaw, op muziek gezet door J. van Boom.
Het moest zeer vrolijk gezongen worden:

Triomf, de vreugde stijge in top;
Hijsch, Holland, vlag en wimpel op,
En doe den jubeltoon nu dav'ren langs Uw strand!
Daar komt de kiel, met goud belaân,
Zij brengt ons d'eersten haring aan;
't Is feest in Nederland (bis).

Verhef U wakk'ren zeevaardij!
U pronk van Hollands maatschappij!
U, koningin van 't feest, U biên wij d'eere-wijn;
Sprei handel, Hollands gullen disch!
Nu zal de vaderlandsche visch
Weer d'eerste schotel zijn (bis).

Wie in dit kostelijk zeebanket
Voor 't eerst de grage tanden zet,
De volle flesch, tot vreugd van zin en geest,
Met fonkelende glazen klinkt,
Ze op Neerlands welzijn ledig drinkt,
Die houdt een heerlijk feest (bis).

Arbeidsliedjes

Er werd veel gezongen in de visserij, vooral bij werkzaamheden die bestonden uit eenvoudige telkens terugkerende handelingen. Een ritmisch liedje hield er dan de gang goed in.
Toch zijn er maar weinig arbeidsliedjes uit de visserij overgebleven vergeleken met bijvoorbeeld de Vlaamse visserij. Bij het uren durende lossen van haringtonnen uit de schepen zong men in Maassluis het volgende liedje, waarbij de versregels steeds langer worden naarmate men van de bovenste rij tonnen in het ruim naar de onderste rij kwam:

1e rij: Er uit en er bij.
2e rij: Bovenaan, pak hem aan.
3e rij: Zachtjes van boord, waar die komt hij moet er uit.
Bij de tonnen die het verst onder het dek zitten:
    Zoetjes en zachtjes nog een keer, boven in dit gat met dat vat.
Vervolgens: Handen voorhanden, een tonnetje met banden voor je handen.
Daarna: Daar komt Jan, trek er an met alle man, hij moet er uit.
Bij de onderste tonnen: Dat is er nog zes, dan komt de stuurman met de flesch, hand op, zet op, er uit.
    Dat is nog vijf, zie je daar dat dikke wijf, hij moet er uit.
    Dat is er nog vier, haast nemen wij een potje bier, en er uit.
    Dat is er nog drie, met die gaan we naar Overschie, hij moet er uit.

113

Nog twee, dat is de bruidegom en de bruid, ze moeten
er alebei nog uit dat gat.
Dat is dan de kiel, ga naar den Briel en daar komt
Jan den Draaier, die Pierewaaier.

In Vlaardingen kende men soortgelijke liedjes, met soms dezelfde
regels:

Bij de eerste ton: Haalt 'em recht neer, nog een keer.
Boven an, uit nu jan.
Bij de volgende lagen: Haalt 'em recht neer, nog een keer.
Dat is er een, en dan nog zes,
Dan komt de stuurman met de flesch.
Uit er bij.
Laatste ton: Haalt 'em recht neer, nog een keer.
Dat is de bruidegom en de bruid.
Die moeten er allebei nog uit.
Handen voor handen.
Bijt op je tanden.
Uit er bij.

Een ander variant was:

Ik en mijn nicht,
Vóór het licht.
Boven tegen an,
Houdt men Jan.

Bij de spillopers op de loggers, die uren lang de spaken van het
spil rondduwden waarme men de vleet inhaalde, zong men het
volgende:

An boord,
Daar die oort.
Uit er mee,
Uit de zee.

Spreekwoorden

Behalve liedjes en rijmpjes zijn er in onze taal talloze spreekwoorden. Het wijst op de grote betekenis in het verleden van deze bedrijfstak. Met betrekking tot de haring alleen al zijn er minstens vijftig spreekwoorden. Een heel bekende is 'Haring in het land, dokter aan de kant'. Er waren dan ook artsen die haring als een ernstige concurrent beschouwde, getuige de volgende briefkaart aan een Vlaardingse haringhandel, uit Eindhoven verzonden en door de P.T.T. afgestempeld op 25 juni 1948:

> *Weled. Heer,*
> *Ik moge hopen, dat U eens een zeer ernstige ziekte krijgt en dat U dan genezing alleen ziet te verkrijgen door het gebruik van Uw zeebanket.*
>
>

Een arts
die zich door een haring niet
aan den kant laat zetten.
>

Enige andere haringspreekwoorden:

Het tonnetje riekt altijd naar haring (men verraadt altijd zijn afkomst).

Als haringen in een ton zitten (dicht opeen gepakt zitten).

Zijn haring braadt er niet (het gaat hem niet voor de wind, of hij is er niet gezien).

Ik zal er haring of kuit van hebben (ik moet er het mijne van weten).

Hij is zo droog als een haring (hij zegt niet veel).

Haring gegeten hebben (dorst hebben).

Een bokking verdienen (een pluimje krijgen).

Die kabeljauw smaakt wel, zei gekke Fop, en hij at Engelse bokking.

Het bedrog is groot in de wereld, zei de mof, en hij kocht een sprot voor een bokking.

Ook andere vissen komen in spreekwoorden en gezegden voor:

Een spiering uitgooien om een kabeljauw te vangen.

De spiering doet de kabeljauw afslaan (slechte waar leidt

115

er toe, dat goede waar voor spotprijzen verkocht moet worden).
Er kan nog een kabeljauw onderdoor (er is nog genoeg geld
of wijn).
Hij droomt van schol en het was platvis (hij verwacht zeer
veel, maar krijgt lang niet wat hij hoopt, of: hij bazelt).
Hij heeft schol gegeten, zijn vingers kleven (hij is een dief).
Die zaak is een gebakken botje (dat is afgesproken).
Hij heeft bot gevangen.
De bot vergallen (de zaak bederven).
Een botje zonder gal (een onnozel iemand).

Enkele gezegden over vis in het algemeen:
Zo gezond als een vis.
Vis moet zwemmen (bij een vismaaltijd moet gedronken wor-
den).
Alle vis is geen bakvis (niet alles is even dienstig).
Boter bij de vis.
Grote vissen scheuren het net (aanzienlijken kunnen zich veel
veroorloven zonder gestraft te worden).
De grote vissen eten de kleine (groten verdringen de kleinen).
De vis wordt duur betaald (het kost veel offers).
Als een vis op het droge (geheel machteloos).
In troebel water vissen.

Medicijnen aan boord

Volgens het spreekwoord had men geen arts nodig, wanneer er
haring was. Haring was er tijdens de teelt genoeg aan boord, maar
geheel zonder medische voorzieningen kon men het toch niet stellen. Er waren de nodige pillen, zalfjes en drankjes aan boord, zij
het tot omstreeks 1900 grotendeels kwakzalversmiddelen. Eerst
toen kreeg men medicijnkistjes met een door artsen bepaalde inhoud. Ook werden er sedertdien E.H.B.O.-cursussen gegeven. Daarvoor was de toestand geheel anders.
De commandant van de politiekruiser 'Argus' rapporteerde in 1898:
'Bij de geneeskundige behandeling van de verwondingen van de
Hollandsche visschers bleek het, dat zonder uitzondering zoowel

aan boord van de bommen als van de loggers deze verwondingen òf zeer verwaarloosd òf op onoordeelkundige wijze behandeld waren... Bij de visschersbemanning is in den regel een volstrekt gemis aan de meest elementaire kennis der genees- en heelkunde. Velen van hen stellen bovendien geen vertrouwen in de middelen uit de aan boord van sommige schepen aanwezige medicijnkist en geven de voorkeur aan door hen zelven medegebrachte zalfjes, pleisters of de tegen alle kwalen dienstig geachte Haarlemmerolie'. Een veel gebruikt smeermiddeltje tegen reumatische pijnen was 'opedeldoch'. Ook petroleum met groene zeep werd daarvoor gebruikt en zelfs ingenomen bij inwendige pijnen. Bij pijn in de lendenen was 'copaival balsem' een probaat middel. Volgens een uit het Engels vertaald boekje uit 1839 'Aanwijzigingen tot het gebruik der medicijnen voor zeevarenden' was dit middel ook 'goed voor het graveel', voor nierstenen: tien tot dertig druppels op een stukje suiker, drie- à viermaal daags. Haarlemmerolie diende voor alles, maar in het bijzonder als laxeermiddel. Ook 'cremotart' en 'jalappe' werden daarvoor gebruikt. Een goed 'opend' laxeermiddel was ook 'bloem van zwavel': een theelepel 's morgens en 's avonds met wat water en stroop. Het kon ook tegen schurft aangewend worden. Dan moest men er een smeerseltje van maken met vet of boter. Het beddelinnen mocht echter gedurende drie of vier dagen niet verschoond worden, anders hielp het niet. Zeer bekend waren 'Bleeker's druppels' voor inwendige ziekten.

Een pijnlijke beroepskwaal van haringvissers waren de 'pekelvreters'. Het waren verwondingen aan hand of arm, bijvoorbeeld ontstaan bij het kaken, die door aanraking met zout veel pijn deden. Men behandelde ze met Basiliconzalf en trekzalf.

Visserswerkkleding aan boord

Vissersplaatsen worden veelal in verband gebracht met klederdracht. Maar aan boord was men niet zo fraai gekleed; de werkomstandigheden vereisten stevige kleding die beschutting moest bieden tegen weer en wind. Omstreeks 1900 was het vissersgoed veelal geoliede kleding. Een bekende fabriek van 'Kleefvrije Geoliede Goederen en verdere Zeemansuitrustingen' was die van Jb. van Toor Jzn te Vlaar-

117

dingen. Aan een prospectus ontlenen wij het volgende:

Zuidwesters, in verschillende soorten als helmen, Engelsch model en Scheveningsch model.

Een kas of rok, in verschillende maten, aangeduid met 'groote mans', 'mans', 'ondermans' en 'jongens'. Ook bij andere kledingsstukken worden die maten opgegeven.

Casjacs, open of dicht, en broeken of peukers; verder lange oliebroeken en mouwen.

Salpatters of slobkousen moesten bescherming bieden tegen het zout en het visafval aan boord. Ook droeg men voorschoten of vellen met of zonder 'klap'.

Jumpers, froks of hemden, jekkers en lange zwarte jassen, rood molton hemden en onderbroeken werden ook door Van Toor geleverd, verder pilow casjecs en Engelsleeren broeken.

Verder alles 'wat tot het vak behoort' als leermouwen, mouwriempjes, lijfriemen, wanten, dissels, zeildoek vellen, dekens en strozakken, truien in grote sortering, kousen, blauwe broeken, jassen en kielen, ketelpakken en -broeken in taankleur.

Kerkscheepjes

De gewoonte om modellen van scheepjes in kerken te hangen is in zo'n maritiem land als Nederland niet verwonderlijk. Toch heeft deze gewoonte niet zo'n omvang aangenomen als bijvoorbeeld in Denemarken en Duitsland. De kerkscheepjes in ons land zijn geen votiefschepen. Het votiefgeschenk is nl. een zichtbaar, materieel teken van een religieuze daad: er wordt een gelofte gedaan om bij verhoring van een bepaalde bede een bepaald voorwerp te schenken aan een bepaalde kerk. Dat moet dan blijken uit bijvoorbeeld een inscriptie op dat voorwerp.

De Nederlandse kerkscheepjes zijn echter alleen bedoeld als versiering van de kerk. Deze traditie scheen in de negentiende eeuw langzaam uit te sterven, maar werd in deze eeuw weer levendig, vooral in Urk. Kerkscheepjes van Noordzeevissersvaartuigen vinden wij op verschillende plaatsen. Heel bekend zijn die in de Grote Kerk te Maassluis: een vishoeker en een haringbuis, behorende bij

Model van een bewapende haringbuis
in de St. Bavo te Haarlem.

'het Visscherijbord' uit 1649. In 1947 werd een model van een logger eraan toegevoegd.

Een bekend model ook is dat van een gewapende haringbuis, waarschijnlijk een convooischip, dat in het Frans Halsmuseum te Haarlem hangt. Het was vroeger bezit van het Haarlemse Schonenvaardersgilde en moet al vóór 1650 gemaakt zijn.

In Urk hangen in verschillende kerken elf scheepsmodellen, meest Zuiderzeeschepen. Vier ervan zijn Noordzeeschokkers. Zij hangen in de Bethel-Kerk (UK 34, 1860), de Jachin Boaz-Kerk (UK 8, ca. 1910), de Eben Haëzer-Kerk (UK 29, 1961) en in het Gereformeerd Centrum (UK 159, 1974).

In de Hervormde Kerk te Marken hangen o.a. drie modellen van Noordzeeschepen: twee haringbuizen respectievelijk van ca. 1600 en ca. 1890 en een stoomlogger van ca. 1943. Dit is niet zo vreemd voor deze Zuiderzeeplaats, want vele Markers voeren op de Vlaardingse haringvloot. Het model van de stoomlogger stelt de VL 84 'Venus' voor, van de rederij Joost Pot. De bouwer, Jan Uithuisje, heeft op deze 'fiets' gevaren.

In Volendam hangt in de Hervormde Kerk sedert ca. 1969 een model

119

van een kotter, gebouwd door de Scheveninger Gerrit Harteveld. Een model van een bomschuit vinden wij in de Oude Kerk te Katwijk aan Zee. Het werd waarschijnlijk geschonken bij de heringebruikneming van deze kerk in 1924 en zou gebouwd zijn door de dorpsomroeper of 'klinker' van Katwijk aan Zee, Rein van der Plas. Een ander model van een bomschuit staat in de Ichtus-Kerk in deze plaats en werd geschonken bij de inwijding van deze nieuwe kerk in 1964 door de Katwijkse schipper Jeroen den Hollander. Het model draagt de registratieletters KW 75 en de naam 'Geertruida', wat niet overeenkomt met de bekende 'jaagboekjes' of 'Naamlijsten van haringrederijen' enz.

Hoofdstuk 13

OVERHEID EN NOORDZEEVISSERIJ

Geen bedrijfstak heeft misschien zo'n vergaande en langdurige overheidsbemoeiing gekend als de zoutharingvisserij met haar vele nevenbedrijven. Onder liberale invloed kwam daaraan in 1857 radicaal een
einde. Maar dat was van tamelijk korte duur. De gevolgen van de
Eerste Wereldoorlog en vooral de crisis in de jaren dertig noopten
tot diep-ingrijpende regeringsmaatregelen. Die overheidszorg is na
1945 in belangrijke mate blijven bestaan.

Plakkaten

Gekaakte haring is lang houdbaar. Een exportprodukt bij uitnemend-
heid dus. De stedelijke overheden hebben dan ook al vroeg, dat wil
zeggen kort na 1400, talrijke voorschriften uitgevaardigd om de
kwaliteit van dit produkt in het belang van de handel te waarborgen.
Op den duur werden al die verschillende voorschriften samengevat
in één grote wet. De eerste haringwet was het 'Placaet ende Ordon-
nantie op 't Stuk van den Haringvaert, 't Branden van de Tonnen en
't Souten van den Haringh', door Karel V uitgevaardigd op 18 mei
1519. Deze wet heeft, met aanvullingen uit later tijd, feitelijk onafgebroken het haringvisserijbedrijf beheerst tot 1857.
Het plakkaat van 1519 schreef precies voor van welke kwaliteit hout
de harington moest zijn, hoe de kuiper deze ton moest maken, dat
hij er een kuipersmerk moest inbranden en dat keurmeesters de
haringtonnen zouden keuren. Daarbij bleef het niet. Er mocht alleen
moerzout gebruikt worden om de haring te zouten, later Spaans
zout. Haring vóór St. Jacobsdag (25 juli) gevangen, zou men in afzonderlijke vaten voorzien van een bepaald merk pakken en ook
haring van verschillende kwaliteit, zoals volle, ijle, kuitzieke en
wrakke (beschadigde) haring diende in afzonderlijke vaten gesorteerd te worden. Ook schreef het plakkaat voor dat de schippers een

121

eed moesten afleggen, dat zij het plakkaat strikt zouden naleven.
Het plakkaat van 1519 is later herhaalde malen 'gerenoveerd', vernieuwd. Zo is de begindatum van de haringteelt verschillende malen
gewijzigd, het laatst in 1588, toen de datum op 24 juni (St. Jan)
werd bepaald. Het plakkaat van 1580 schreef voor hoe de haring in
de tonnen moest worden gelegd. Het bepaalde ook, dat het verpakken van de haring aan de wal alleen mocht gebeuren op de kaden,
in de straten of in ruimten met open deuren, zodat het publiek
controle kon uitoefenen. Dit plakkaat ging ook veel verder dan dat
van 1519 in het aangeven hoe de haringtonnen gemaakt moesten
worden: dertien duigen van gelijke breedte, gebonden met buig-
zame, goede hoepen, terwijl de bodem uit ten hoogste drie delen
mocht bestaan, waarvan de einden even dik behoorden te zijn als
die van de duigen.
Er kwamen ook keurmeesters om de inhoud van de ton, de haring,
op kwaliteit te keuren en dienovereenkomstig merken op de tonnen
aan te brengen: het cirkelbrand voor haring gevangen in de periode
van St. Jacob (25 juli) tot St. Bartholomeüs (24 augustus), het eerste
of kleine brand voor de periode van St. Bartholomeüs tot Kruisver-
heffing (14 september) en het tweede of grote brand voor de tijd
na Kruisdag. De maatjesharing gevangen tussen St. Jan en St. Jacob
werd niet aan de wal verpakt en kreeg ook geen brandmerk van de
stedelijke keurmeester.
Behalve deze wettelijke voorschriften betreffende het produkt en
de verpakking bestonden er nog vele andere wetten en bepalingen
voor de haringjagerij, de konvooiering van de haringvloot en de
daarmee verband houdende belastingen. Andere visserijen, zoals de
kabeljauwvisserij en de kustvisserij zijn in veel mindere mate on-
derhevig geweest aan wettelijke voorschriften.

Het College voor de Groote Visscherij

De haringdrijfnetvisserij was van zo grote betekenis voor de welvaart in Holland, dat zij werd aangeduid met 'groote visscherij'. Al
heel vroeg, in 1495, kwamen vertegenwoordigers van de belangrijkste plaatsen periodiek bijeen om te spreken over de uitrusting van
oorlogsschepen ter bescherming van de haringvloot, over de be-

Het wapen van Collegie van de Groote Visscherij.

lastingen om die oorlogsschepen te betalen (lastgeld) en over klach-
ten over de kwaliteit van de geëxporteerde haring.

Uit die periodieke besprekingen ontstond omstreeks 1567 het 'College voor de Groote Visscherij', dat in Delft zetelde.

Het bestuur werd gevormd door afgevaardigden van de haring-
steden uit het Noorderkwartier (Enkhuizen) en het Zuiderkwartier
(Brielle, Rotterdam, Schiedam en Delft). Merkwaardig is, dat de
voornaamste haringplaatsen na 1700, zoals Vlaardingen en Maas-

123

sluis, vóór 1795 nooit zitting in dit college hebben gekregen, terwijl de haringvisserij van Brielle, Rotterdam en Schiedam na 1700 weinig betekenis meer had. Het college was dus geen afspiegeling van het bedrijfsleven.

Het 'College voor de Groote Visscherij' verkreeg in de loop der tijd grote bevoegdheid. In 1582 stonden de Staten van Holland toe, dat het voortaan wetten op visserijgebied mocht maken. Vanaf 1620 kreeg het zelfs rechtsprekende bevoegdheden. Men kon bij het college in beroep gaan, wanneer men het niet eens was met de plaatselijke rechter inzake veroordeling voor vissen in verboden wateren of schadekwesties. Verder trad het college op als rechter voor de bemanning van de konvooischepen die de haringvloot beschermden. Ook de subsidies die de haringvisserij in de tweede helft van de achttiende eeuw kreeg, werden vanwege het college verdeeld.

Na de komst van de Fransen in 1795, werd het college opgeheven en vervangen door een nieuw, waarin haringreders en/of -kooplieden zitting kregen, een bedrijfsvertegenwoordiging dus. De leden van het college kwamen nu uit Vlaardingen, Maassluis, Enkhuizen en De Rijp. Dit 'College van de Groote Visscherij' bleef bestaan tot 1857.

Een nieuw leven voor de visserij

Na de Franse Tijd werd onder Koning Willem I de oude wetgeving voor de visserij weer van kracht verklaard (wet van 1818). Dit leidde tot verstarring in de visserij en verzwakte mede de positie van de Nederlandse haringhandel op de buitenlandse markten.

Onder invloed van het liberalisme werd vanaf 1848 de staatsbemoeiing op allerlei gebied sterk teruggedrongen, ook in de visserij. Het liberale Tweede Kamerlid R. Westerhof noemde in 1849 de haringvisserij een 'zo te niet gelopen' bedrijfstak, dat de daaraan toegekende rijkssubsidies moesten beschouwd worden als weggegooid geld. Op de rijksbegroting van 1851 werden deze subsidies al met 10 % verminderd. De Tweede Kamer verklaarde zich ermee akkoord, zij het na een eindeloos debat, dat tot diep in de nacht duurde.

Onder druk van het parlement stelde de regering in 1854 een commissie in, die zou moeten onderzoeken in hoeverre het visserijbedrijf steun van overheidswege behoefde. Het resultaat was de visserijwet van 1857, die alle overheidsbemoeiing met de zeevisserij beëindigde. Prof. J. T. Buys, secretaris van genoemde commissie, sprak van een 'nieuw leven' voor de zeevisserij. Na eeuwenlange reglementering moet het een vreemde gewaarwording zijn geweest, dat bijvoorbeeld de haring niet meer gekeurd behoefde te worden en dat de vissers van de kust ook haring mochten kaken. De financiële steun voor het visserijbedrijf verdween geheel. Wèl stimuleerde de overheid deelname aan nationale en internationale visserijtentoonstellingen. Zij liet zich voortaan adviseren door een 'College voor de Nederlandsche Zeevisscherijen', waarin deskundigen en vertegenwoordigers van het bedrijf zitting hadden. Het publiceerde jaarlijks, tot 1911, een uitgebreid verslag over de toestand van de visserij.

De nieuwe vrijheid stimuleerde inderdaad actieve reders allerlei technische vernieuwingen toe te passen. Vanaf 1870 ging de visserij een nieuwe bloeiperiode tegemoet, die zou duren tot aan de Eerste Wereldoorlog.

Crisismaatregelen en oorlog

Reeds kort na het einde van de Eerste Wereldoorlog begon de overheidsbemoeiing met de visserij weer toe te nemen. Door de koopkrachtdaling in Duitsland was een van de belangrijkste exportmarkten voor de Nederlandse haring bijna geheel weggevallen. Het leidde tot inkrimping van de haringdrijfnetvisserij, wat gepaard ging met werkloosheid onder de vissers. Van 1921 tot 1925 verleende de gemeente 's-Gravenhage en het Rijk financiële steun aan de Scheveningse reders en vissers. De overheid liet omstreeks 1926 bovendien commissies onderzoekingen instellen naar de toestand in de Scheveningse visserij en in de haringvisserij.

In het begin van de crisisjaren beperkte de overheidssteun aan het visserijbedrijf zich tot het verlenen van kredieten. In 1934 werd de toestand echter zo slecht, dat de regulering van de visserij aan de overheid moest worden overgelaten. In dat jaar kwam de stichting 'Nederlandsche Visscherijcentrale', een crisis-organisatie, tot stand, die in het bijzonder werd belast met de uitvoering van maatregelen ter bestrijding van de heersende malaise. Daarmee begon weer een periode van vergaande overheidsbemoeiing met de visserij. Een van de eerste maatregelen was het sluiten van het visserijbedrijf voor nieuwelingen, zodat het aantal rederijen niet kon toenemen. Jaarlijks werd precies geregeld hoeveel schepen mochten gaan vissen. Zelfs schreef men voor hoe lang de vleet mocht zijn. Er kwamen slooppremies, kredietregelingen en opvangfondsen om voorraden haring, die men niet kwijt kon, te financieren. Vanaf 1937 trad een lichte verbetering in de situatie in. De internationale spanningen echter bleven een ongunstige invloed op de internationale vishandel uitoefenen.

Het uitbreken van de oorlog in mei 1940 verraste de loggervloot, die men juist gereed maakte voor de teelt. Een deel van de treilervloot kon naar Engeland uitwijken. Bijna alle vissersvaartuigen in de Nederlandse havens zijn door de bezetter gevorderd. Van visserij kon in de jaren 1940-1945 nauwelijks sprake zijn. Er gingen tijdens de oorlog 34 stoomtreilers verloren, één motortreiler, 14 stoomloggers, 72 motorloggers en een aantal motorkotters. Van de grotere schepen konden er na de oorlog 224 of 72 % teruggevonden worden, van de kleinere 290 of 60 %.

Overheidszorg en visserijonderzoek na 1945

Na de oorlog bleef de overheidszorg voor de zeevisserij in belangrijke mate bestaan, ten dele via publiekrechtelijke bedrijfsorganisaties als Produktschap voor Vis- en Visprodukten en het Visserijschap. Vergeleken met het buitenland is de directe financiële steun van de overheid aan het Nederlandse visserijbedrijf na 1945 betrekkelijk gering gebleven. Deze steun had vooral tot doel gewenste ontwikkelingen te stimuleren. De overheidszorg strekte zich vanzelfsprekend ook uit tot de veilige bedrijfsuitoefening en tot het waarborgen van een goed produkt.

Een belangrijke staatszorg is ook het visserijonderzoek. Een voorname plaats wordt daarbij ingenomen door het Rijks Instituut voor Visserijonderzoek (RIVO) in IJmuiden, waar biologisch, chemisch en hydrografisch onderzoek ten behoeve van de visserij wordt verricht. De afdeling Technisch Onderzoek van dit instituut richt zich op de verbetering van vistuig, vismethoden, arbeidstechnische methoden aan boord en op scheepsbouwkundig onderzoek.

Een instituut waar de behandeling en verwerking van vis en de daarbij behorende apparatuur wordt onderzocht is het Instituut voor Visserijprodukten T.N.O. te IJmuiden, terwijl visserijmaterialen onderzocht worden in het Laboratorium voor Materialenonderzoek T.N.O. in dezelfde plaats.

Het sociaal-economische onderzoek van de visserij wordt verricht in de Afdeling Visserij van het Landbouw-Economisch Instituut te 's-Gravenhage. Het publiceert periodiek o.a. statistische gegevens over de bedrijfseconomische resultaten in verschillende sectoren van de visserij. De Directie van de Visserijen van het Ministerie van Landbouw en Visserij houdt zich vooral bezig met de beleidsaspecten van het visserijbedrijf.

Een belangrijke gesprekspartner voor de overheid is de Stichting van de Nederlandse Visserij te 's-Gravenhage, een overkoepelend orgaan van de talrijke visserij-organisaties in de zee- en binnenvisserij.

Hoofdstuk 14

PERSPECTIEF

Een wijs gezegde uit de negentiende eeuw luidt: 'De natuurlijke geschiedenis erkent gemeenlijk twee soorten van visch, namelijk degeen die opgegeten, en die nog voorhanden is'.
Het probleem van de overbevissing – nu zo actueel – ligt hierin besloten. De visserijbiologen hebben het jaren geleden al voorspeld. Met de huidige vissersschepen, voorzien van electronische visopsporingsapparaten en verfijnd vistuig, is het, vergeleken met vroeger, nauwelijks een kunst om vis te vangen. Er wordt uit de Noordzee meer vis gehaald dan de natuurlijke aanwas oplevert.
In de Noordoost Atlantische Visserij Commissie zijn de belanghebbende landen overeengekomen vangstquota in te stellen: de hoeveelheid te vangen vis is per land vastgesteld. Zo mag Nederland in het seizoen 1974–1975 in de Noordzee en het Skagerak 28.200 ton haring vangen, in het jaar 1975 in de Noordzee 2.500 ton makreel, 26.000 ton kabeljauw, 14.000 ton schelvis, 14.000 ton wijting, 9.200 ton tong en 47.000 ton schol.
Het Nederlandse visserijbedrijf moet in onderling overleg regelen hoe deze quota worden verdeeld over de rederijen of schepen. De vangstcapaciteit van de Nederlandse zeevisserij is echter te groot om bij deze quota een rendabele visserij mogelijk te maken. De vangscapaciteit, met name in de kottervisserij, zal daarom verminderd moeten worden, misschien wel met 20 %. De overheid heeft een Ontwikkelings- en Saneringsfonds van dertig miljoen gulden ingesteld om dit proces te begeleiden.
Voor de komende jaren is de situatie voor de Nederlandse zeevisserij niet rooskleurig, zeker niet tegen de achtergrond van de huidige economische teruggang in de conjunctuur. Op langere termijn zal de vangstquotering zeker blijven bestaan. Daar komt bij dat verschillende visserijlanden overwegen hun visserijzones uit te breiden tot 50, ja zelfs tot 200 mijl (o.a. IJsland), wat in het bijzonder voor Nederland nadelig is. Een mogelijkheid is, dat de Nederlandse vis-

sersvaartuigen buiten de Noordzee gaan vissen. Dat betekent een hele overschakeling. Andere vismethoden zijn dan noodzakelijk en de schepen moeten daaraan worden aangepast. Gezien de lange geschiedenis van de Nederlandse zeevisserij is de kans aanwezig, dat zij ook in deze moeilijke omstandigheden haar weg zal weten te vinden.

Afbeeldinge van eenen seer wonderbaeren Harinck, waerop staet de gestaltenisse van twee gewapende ende strydende mannen, gelyx twee roeden, ende verscheyden letteren, welcke gevangen is den 26. Novembris @9. 1597. 3. mylen buyten Dronten, sonde de oudste Hooftstadt van het Coninckryck van Noordwegen, wat God Almachtich door dit syn wonderlick schepsel wil te kennen geven, mogen de verstandige oordeelen. Tot Amsterdam by Cornelis Claesson,

VERKLARING VAN ENIGE TERMEN

Baaklijn : touw dat een drijvend joon verbindt met een gooi- of werpanker.

Bokkentuig : vistuig, bestaande uit twee boomkornetten die met behulp van twee gieken uitgezet en ingehaald worden.

Breels : tonnetjes om het drijfnet drijvend te houden.

Gaffeltuig : tuig bestaande uit één mast zonder steng (verlengstuk) met slechts een gaffelzeil, stagfok en kluiver.

Geesten : zowel aan stuurboord- als aan bakboordzijde aangebrachte 'geestekoppen' waartussen een rol zit; over deze 'geestrollen' wordt het drijfnet ingehaald.

Hakkebord : het bovendeel van de spiegel van een schip.

Hoekwant : vistuig waarbij haken (hoeken) worden gebruikt.

Koksrol : grote houten rol waarover de netten in en uit het ruim worden gehaald.

Krebben : aan dek afgeschoten ruimte aan stuurboord- en bakboordzijde waarin de haring wordt gestort na het halen van het net.

Kromstevens : schepen met gekromde stevens.

Mik : gaffelvormige steunbalk om een strijkbare mast in te leggen of om daaraan de schrobnetten vast te maken.

Puf : kleine, ondermaatse vis, b.v. pufscholletjes.

Razeilen : grote vierkante zeilen die aan een ra (rondhout kruiselings aan de mast) worden bevestigd.

Slipway : een in het achterschip uitmondende langsscheepse helling, van de waterlijn tot het verwerkingsdek, waarlangs het treilnet wordt binnengehaald.

Spiegel : deel boven de achtersteven van een schip.

Spil : windas om de speerreep van het drijfnet binnen te halen.

Spriettuig : tuigage waarbij het zeil wordt opengehouden door een schuin naar boven gericht rondhout achter de mast.

Stakelvuren : fakkels, toortsen e.d. om signalen te geven.

LITERATUUR

Akveld, L. M., Adriaan Eugène Maas (1817-1886), in: *Vier eeuwen varen,* Bussum 1974, p. 270-283.

Beenhakker, A. J., Hollanders op Shetland, in: *Visserij* 24 (1971), p. 355-374.

Beenhakker, A. J., Vader kocht pepermunt, in: *Visserij* 28 (1975), p. 41-55.

Beets (ed.), A., Leven en bedrijf aan boord van een Katwijksche visschersschuit in 1790, in: *Jaarboekje voor Geschiedenis en Oudheidkunde voor Leiden en Rijnland* 21 (1927-1928), p. 1-60.

Beylen, J. van, *Schepen van de Nederlanden, van de late middeleeuwen tot het einde van de 17e eeuw,* Amsterdam 1970.

Blom, S., Volkskunde van Maassluis, in: *Eigen Volk* 3 (1943), p. 357-362.

Bom e.a., J., *Visserijmehoden* (I), Haarlem 1963.

James Chambers, in *Tijdschrift De Visscherij* 6 (1926), p. 65.

Degryse, R., De laatmiddeleeuwse haringvisserij, in: *Bijdragen en Mededelingen voor de Geschiedenis der Nederlanden* 21 (1966-1967), p. 82-121.

Donkersloot, C. H., De houten logger, in: *Technisch Vakblad voor de Noordelijke Scheepsbouw* 13 (1949), nr. 11 en 14 (1950), nr. 1, 3 en 4.

Donkersloot, C. H., De vissloep, in: *Technisch Vakblad voor de Noordelijke Scheepsbouw* 22 (1958), nr. 7, 10-12 en 23 (1959), nr. 1-2.

Dorp, J. van, Oranje en de visserij, in: *De Visserijwereld* 26 (1967), nr. 20, p. 25-28.

Dorp, J. van, Noordzeevissers en volksleven, in: *Neerlands Volksleven* 23 (1973), nr. 1-2, p. 130-146.

Es, C. van, *Bles voor de kop, geschiedenis en volksleven van IJmuiden,* IJmuiden z.j. (1970).

Gebel, C., *Tafereel eener ontvlugting van drie Scheveningsche visschers met een bootje uit Engeland naar Holland, in Januari van den jare 1781,* 's-Gravenhage 1831.

Hildebrandt, A. G. U., De Nederlandse visserij, Utrecht, z.j. *(De Nederlandse volkshuishouding tussen twee wereldoorlogen,* nr. X).

Hildebrandt, A. G. U., Visserij en wetenschap, in: *De Visserijwereld,* maart 1966.

Jaarverslag der Visscherij-Inspectie, 1911-1920.

Jaarverslag over Visscherij gedurende het jaar 1921-1938 *(Verslagen en Mededeelingen van de Afdeeling Visscherijen).*

Jagow, K., *Kulturgeschichte des Herings,* Langensalza 1920.

131

Korringa, P., 75 jaar wetenschappelijk zeevisserijonderzoek, in: *Visserij-Nieuws* 16 (1963), p. 90-92.

Korte Johsz., H. de, Iets over de visserij van Middelharnis, in: *Eilanden Nieuws* 1947, passim (22 afleveringen).

Kranenburg, H. A. H., *De zeevisscherij van Holland in den tijd der Republiek*, Amsterdam 1946 (diss.).

Ligthart, A. G., *De Vlaardingers en hun haringvisserij*, Zaltbommel 1966.

Ligthart, A. G., A. E. *Maas, een groot man in de Nederlandse visserij*, 's-Gravenhage 1966.

Muus, B. J., *Zeevissengids*, Amsterdam 1966.

Mijs, U. J., *De vischafslag van Middelharnis 1597-1856*, Sommelsdijk, z.j.

Overdiep, G. S. en C. Varkevisser, *Woordenboek van de volkstaal van Katwijk*, Antwerpen 1949.

Petrejus, E. W., *De bomschuit, een verdwenen scheepstype*, Rotterdam 1954.

Ploeg, J., Speurtocht naar haringbuizen, in: *Mededelingen van de Nederlandse Vereniging voor Zeegeschiedenis*, nr. 25, september 1972, p. 25-31.

Poel, J. M. G. van der, Scheepsmodellen in Nederlandse kerken, in: *Het Peperhuis* 1974, nr. 3.

Sigal, M. C., Nieuwe haring, in: *Eigen Volk* 2 (1930), p. 161-168.

Simon Thomas, M., *Onze IJslandvaarders in de 17e en 18e eeuw, bijdrage tot de geschiedenis van de Nederlandsche handel en visscherij*, Amsterdam 1935 (diss.).

Het stalenslaan, in: *Onderzoekingen naar de toestanden in de Nederlandsche huisindustrie*, deel III, 's-Gravenhage 1914, p. 132-146.

Toet, W., en P. Ouwehand, *Visserijmethoden* II, Culemborg 1967.

Veer, A. van der, Nederlandse zeevisserijschepen, trawlers, loggers, kotters, Alkmaar 1963 *(Alken-reeks Beeldencyclopedie*, nr. 73).

Vermaas, J. C., *Geschiedenis van Scheveningen*, 's-Gravenhage 1926, deel 2.

Verslag van den Staat (Toestand) der Nederlandsche Zeevisscherijen 1857-1910.

Visserijbedrijf nam afscheid van de heer C. Varkenvisser, in: *De Visserijwereld* 25 (1966), nr. 12, p. 7 en 9.

Voort, J. P. van de, De Nederlandse Noordzeevisserij, een volkskundige bibliografie, Vlaardingen 1972 *(Neerlands Volksleven* 22 (1972), nr. 2).

Voort, J. P. van de, *De Nederlandse Noordzeevisserij, een historisch overzicht*, Vlaardingen 1973.

Voort, J. P. van de, *De rederijen en handelmaatschappijen Hoogendijk, en de Doggermaatschappij in de jaren 1745-1975*, Vlaardingen 1975.

Wit, J. G. de, Dutch fishing craft from the fourteenth century onwards, in: *Mermail* 11 (1967), p. 2-13.

Wit, J. G. de, Vijfentwintig jaar vissersvaartuigen in Nederland, in: *Polytechnisch Tijdschrift, Werktuigbouw* 25 (1970), p. 686-704.

IJbema, R., *De ramp van Moddergat,* z. pl. 1958.

BRONVERMELDING ILLUSTRATIES

Het illustratiemateriaal is door het Visserijmuseum te Vlaardingen welwillend ter beschikking gesteld.

De foto op pagina 39 is van A. Moerman te Vlaardingen.

De foto's van pagina 79 en 84 zijn van A. J. van Druten te 's-Gravenhage.

J. Ploeg te Vlaardingen maakte de foto van pagina 119.

INHOUD

GEOGRAFISCHE UITGAVEN VAN BOEKENCENTRUM

Drs. J. Abrahamse en H. Koning: Schiermonnikoog, van Westerstrand tot Willemsduin (3e druk)

Drs. J. W. Boersma e.a.: Terpen, mens en milieu (2e druk)

H. W. van den Brink: Veluwe, speeltuin van Nederland?

Will Conijn en Kees Hana: Texel, van Marsdiep tot Eyerlandse Gat (2e druk)

Max Douwes: Mans Tierelier löp met zien dweellocht deur Drente

Dr. L. van Egeraat: Brabant, het andere Nederland

Dr. H. Entjes: Dialecten in Nederland

Dr. Hendrik Entjes en Jaap Brand: Van duivels, heksen en spoken, Nederlandse volksverhalen

Dr. J. M. Fuchs en W. J. Simons: De Afsluitdijk, recht door zee

G. Grandiek: Zaanstreek, bakermat van industrie

Gerrit van der Heide: De Zuiderzee, van land tot water, van water tot land

H. van Heiningen: Het Gelderse rivierengebied

Willy H. Heitling: Oost-Gelderland, land in beweging

Jan W. Hiskes: De Veenkoloniën

Historisch album Groningen

L. Huizing: Met de kiekkast door Drente

G. Kuipers: Hondsrug, heuvels en hunebedden (2e druk)

Tom Lodewijk: Van Wildernisse tot Bollenstreek

Hans Lutz: De Biesbosch, dood tij, levend water

Kees van der Maas: Walcheren, een eiland of niet soms?

Louise Mellema: Schiermonnikoog, lytje pole

S. J. van der Molen: De Friese Zuidwesthoek, ruimte en rust

S. J. van der Molen: Terschelling, van Noordsvaarder tot Bosplaat (3e druk)

S. J. van der Molen: Terschelling, Insel der Weite und Stille

Korn. Mulder: Hannekemaaiers en kiepkerels (2e druk)

Dr. Jan Naarding: Oet Jan Naardings hof

Jan A. Niemeijer: Land van terpen en dijken (2e druk)

Jan A. Niemeijer: Drente, d'Olde Lantschap (2e druk)

Jan A. Niemeijer: Groningen, stad en land (2e druk)

Jan A. Niemeijer e.a.: Wadlopen (2e druk)

Bas den Oudsten: Friesland, it bêste lân fan d'ierde

Servé Overhof: Zuid-Limburg, bronsgroen grensland

Kees Post: Het boerenhuis in Nederland

Kees Post: De kop van Overijssel

T. F. J. Pronker en H. M. van Eck: Vlieland, van Hors tot Horn (2e druk)

Jan Reeskamp: De Utrechtse Heuvelrug

Age Scheffer: Van zeerampen en redders

Mr. D. H. Schortinghuis: Cleyn eilant Rottum (2e druk)

Jo Smit: Terschellinger getij

Piet Terlouw: De Vecht, een stroom van verhalen

Dr. J. P. van de Voort: Vissers van de Noordzee, het Nederlandse visserijbedrijf in geschiedenis en volksleven

Evert Werkman: Nederland en het water, een gevecht van 2000 jaar